대통령의
눈물

대통령의 눈물

대한민국 전자정부 반세기 비망록

안문석

KU PRESS
고려대학교
출판문화원

| 저자의 말 |

1968년 한국과학기술연구원(KIST) 전자계산실 연구원 시절부터 시작하는 이 책은 반세기 넘어 꾸준히 진화해 온 대한민국 전자정부의 숨은 역사, 나의 비망록이다.

이야기는 1960년 가을로 거슬러 올라간다.

익산에서 서울역까지 완행열차로 9시간, 참으로 길고도 먼 여정이었다. 한 번도 와본 적 없던 서울에 상경한 이유는 대학 입학 때문이었다. 서울상대 시험을 보러 가기 위해 타야 할 버스 번호는 고사하고 버스 정류장조차 어디 있는지 모르던 16세 시골 소년은 서울이 생각보다 넓다는 것을 실감했다. 하지만 그보다 훨씬 더 넓은 세계가 곧 내 눈앞에 펼쳐지리라는 것까지는 예상치 못했다. 그것은 바로 전자정부의 미래가 펼쳐 보여준 드넓은 세계였다.

놀라운 발전을 거듭하며 전 세계에 그 위상을 빛낸 대한민국 전자정부. 시작부터 현재까지 그 역사의 현장에 함께해 온 산증인으로서 대한민국 전자정부의 반세기를 반추해 본다.

금년은 내가 여든을 맞이한 해이다. 무엇보다도 컴퓨터라는 신기한 기계를 만난 지도 어느덧 57년이라는 시간이 지났다. 그 기나긴 세월 동안 만난 많은 스승 중에서도 미지의 컴퓨터 세상에서 내게 등대가 되어주신 세 분이 계셨다.

1967년 첫 만남 이래 컴퓨터의 세계를 알려주신 KIST 성기수 박사(후에 KIST 부소장, 동명정보대학교 총장), 1966년 교수라는 직업의 세계로 나를 인도해 주신 서울대학교 행정대학원 이한빈 교수(후에 경제부총리), 그리고 1970년대 유학 중 나를 지도해 주시고 인터넷 세상과 정보통신이 지배하는 새로운 세상을 가르쳐 주신 노먼 에이브럼슨(Norman Abramson) 하와이 주립대학교 교수가 바로 그분들이다.

한국의 전자정부는 1960년대 여명기, 1970년대 발아기, 1990년대 개화 준비기, 2000년대 개화기, 2010년대 초의 전자정부 숨 고르기 시대를 거치고, 2010년 후반 다시 전자정부 부활 시대를 만나면서 진화해 왔으며 그동안 전자정부라는 용어도 시대의 변화와 정권에 따라서 EDPS화, 전산화, 정보화, 전자정부, 디지털정부로 바뀌어왔다.

한 가지 다행스러운 것은 정권이 변하고 전자정부의 이름은 변했어도 전자정부 구축이라는 정책은 정권을 넘어 지속되었다는 점이다. 바로 이 지속가능성이야말로 한국 전자정부를 세계가 부러워하는 명품으로 만든 가장 큰 요인이 아니었나 한다.

대한민국 전자정부는 UN 전자정부 평가에서 6년 연속 1위를 하는 쾌거를 이룩하였다. 이것은 1960년대 박정희 대통령부터 시작하여 김영삼, 김대중, 노무현, 이명박, 박근혜, 문재인, 윤석열 대통령에 이르는 역대 대통령의 중단 없는 관심과 지원이 있어서 가능했다. 나를 통하여 전자정부의 맥이 이어져 온 것에 대하여 개인적으로 큰 자부심을 느낀다.

이 책에는 이처럼 정권을 넘어 지속적으로 발전해 온 대한민국 전자정부의 이야기를 나 자신의 경험을 토대로 정리한 역사를 담았다.

1960년대와 1970년대 전자정부 여명기와 발아기는 KIST가 있어서 가능했다. KIST의 성기수 박사를 비롯하여 자유로운 연구 분위기를 보장하기 위해 애써주신 역대 KIST 소장 덕분에 나는 마음껏 연구하고 일을 할 수 있었다. 성기수 박사와 최형섭, 한상준, 천병두 소장께 다시 한번 감사드린다.

이 시기, 경제기획원의 개혁적인 공무원들 특히 강경식 경제부총리의 노력 덕분에 고가의 컴퓨터를 도입하고 각종 개혁을 이루어낼 수 있었다. 강경식 경제부총리 같은 개혁적인 고위공무원이 있었다는 것은 한국의 행운이었다.

1981년 고려대학교로 자리를 옮긴 후 '행정전산론', '정보체계론' 등 전자정부와 관련된 새로운 과목을 개설하여 한국의 정보화와 전자정부화를 선도할 수 있었던 데에는 또한 교수들에게 강의와 연구의 자유를 주고 격려해 주신 역대 고려대학교 총장들의 도움이 컸다.

무엇보다도 나를 이해해 주고 격려해 주는 동료가 있어서 새로운 분야를 개척할 수 있었다. 특히 이종범 교수와 백완기 교수께 감사드린다.

고려대학교 재직 동안 내 연구실을 지켜준 연구실 조교들, 김태영 교수, 원한식 교수, 최승범 교수, 김정수 교수, 김종선 박사, 최진욱 교수, 구교준 교수, 이석환 교수, 김지희 박사, 김태은 교수, 황민섭 박사,

이희철 교수께 고마운 마음을 전한다.

2002년 전자정부 11대 사업의 성공적 구축은 대한민국 전자정부 신화의 출발점이다. 고 서삼영 한국전산원장, 전자정부특별위원회 공동 실무위원장 김영주 비서관(후에 산업자원부 장관)과 박남훈 비서관의 헌신이 있어서 성공할 수 있었다. 1년 반 동안, 55회 이상 전자정부 구축을 위한 조찬 미팅에 빠짐없이 참석하여 성공적으로 부처 간 조정을 해주신 송희준, 황성돈, 윤창번, 서삼영, 윤영민 위원 등 전자정부특별위원회 위원들께 감사드린다.

또 2013년, 전자정부추진위원회 발족을 계기로 전자정부의 부활을 성공적으로 이끈 정윤기, 이인재, 박제국 등 행정안전부 전자정부국장들의 뛰어난 행정력도 없어서는 안 될 힘이 되었다.

2010년 정년 후, 각종 포럼의 의장과 전자정부추진위원장을 맡아 전자정부의 맥을 이어갈 수 있었던 것은 큰 행운이었다. 이 시기, 한국의 디지털콘텐츠가 체계를 갖추었고 그것이 후에 K-문화로 승계되었다. 행정안전부의 전자정부 민관협력포럼과 정부3.0은 공유 소통 협업을 통한 데이터 시대의 개막을 선도했다.

이 책은 많은 분의 지원과 격려에 힘을 입었다. 특히 대한민국 전자정부의 뿌리 찾기에 앞장서신 한국정보처리학회 전 회장 이정배 교수, 이브릿지학회 회장인 이상근 교수의 격려와 지원에 힘입어 책이 이 세상에 나올 수 있었다. 두 분에게 다시 한번 깊은 감사의 말을 전한다.

출판하기까지 도움을 주신 고려대학교 출판문화원의 지영래 원장께도 감사한 마음이다.

끝으로 반세기 동안 나를 지켜준 아내 전경애 소설가와 딸 안인성 박사, 아들 안지성 교수가 곁에 있어서 이 비망록은 빛을 볼 수 있었다. 그들에게 각별한 고마움을 전한다.

2024년 10월

안문석

차례

1

오래된 시작

전자정부 여명기

1

컴퓨터와 운명적으로 만나다

1967년 나는 서울대학교에서 경제학을, 서울대학교 행정대학원에서 행정학을 전공하고 아직 진로를 정하지 못했다. 그런 나에게 성기수 박사는 컴퓨터라는 새로운 세계를 알려주었다.

1960년대 초, 하버드대학교에서 석사와 박사과정을 2년 만에 마치고 귀국한 공군 대위 성기수 박사는 한국 청년들에게 희망이고 영웅이었다.

내가 그를 처음 만난 곳은 한국경제개발협회(Korea Development Association, KDA)였다. 1967년 당시 나는 대학원을 졸업하고 조교로 일하고 있었는데 하루는 행정대학원 원장이었던 이한빈 교수가 나를 부르더니 학부에서 경제학을, 대학원에서 행정학을 전공했으니 KDA에서 인턴을 하면 좋을 것이라면서 그곳을 소개해 주었다.

이한빈 교수는 내가 연구와 교수직으로 미래를 설계하는 데 큰 계기가 된 인물이었다. 대학원 시절 하버드대학교에서 MBA를 마치고 예산국장과 스위스 대사, EU 대사를 역임한 사람이 원장으로 부임한다는 소문을 듣고 나는 잔뜩 기대했다. 처음 가진 면담 자리에서 이한빈 교수는 내게 자신의 능력을 증명해 보라며 숙제를 하나 냈다. 바로 우수논문 제도를 만들 테니 도전해 보라는 것이었다. 나는 최선을 다하여 졸업논문을 썼고 그 논문은 우수논문에 선정되어 학생 최초로 교수논문집에 개제되었다. 또한 그는 하버드대학교 동창생 중 한 명의 정보화 사회 예견에 대한 자료를 전해주는 등 세상을 바라보는 시야를 넓히는 데 많은 도움을 주며 나의 멘토가 되었다.

이한빈 교수의 소개로 찾은 KDA는 1960년대 한국의 유일한 경제연구기관이었다. 서울상대 선배이자 당시 회장을 맡고 있던 송인상 전 부흥부 장관은 어느 날 내게 이렇게 말했다. "안 군, 우리 협회에 나오는 성기수 박사를 눈여겨보고 배우도록 하게. 성 박사는 하버드대학교에서 2년 만에 석사, 박사학위를 한 천재일세."

성기수 박사는 공군 대위 복장을 하고 협회에 나타나곤 했다. 나는 틈틈이 성기수 박사 팀으로 가서 그가 하는 일을 관찰하고 점심도 같이했다. 그는 경제개발 5개년 계획의 밑그림을 그리고 있었다.

나는 시간이 날 때마다 성기수 박사 방에 가서 대화했다. 이한빈 교수의 추천으로 협회에서 인턴을 한다는 내 말에 성기수 박사는 자신 역시 미국 유학을 갈 때 이한빈 교수가 추천서를 써주었다면서 내게 잘 해주었다.

당시 경제개발팀에는 프리덴(Friden)이라는 전자계산기가 두 대 있었는데 직원들이 뭔가를 하루 종일 계산하고 있었다. 성기수 박사는 16×16 산업연관표에 있는 투입계수표의 역행렬을 계산하고 있는 것이라고 알려주면서 두 사람이 힘을 합쳐서 계산하면 계산에 2주쯤 걸린다고 설명했다. 도중에 계산을 틀리면 최종 검산 과정에서 단위 행렬이 안 만들어져서 처음부터 다시 계산하여야 한다는 고충도 털어놓았다.

어느 날 연구실을 찾아가 보니 그는 책상에서 영어로 뭔가를 작성하고 있었다. 그러나 영어는 영어인데 영어 문장이 아니었다. 신기해서 내가 물었다. "뭐 하세요? 영어는 아닌 것 같은데요."

"포트란(FORTRAN)이라는 컴퓨터 언어인데, 이걸로 산업연관표 투입계수의 역행렬을 구하는 프로그램을 작성하고 있지. 이것을 컴퓨터에 넣으면 자동으로 16×16 투입계수의 역행렬을 계산해 주는 거야"라는 대답이 돌아왔다.

"컴퓨터가 어디에 있어요?" 나는 물었다. "일본에 있는 컴퓨터를 이용하지. 아마 보름 정도면 답이 올걸." 성기수 박사가 말했다. 반신반의한 채로 15일이 지나고 나는 호기심에 차서 그의 연구실을 방문했다. 일본에서 답이 와있었다. 너무도 신기했다. 신기해하며 호기심을 보이는 나에게 성기수 박사는 영어로 된 책 한 권을 건넸다. "이 책은 IBM이라는 컴퓨터 회사에서 만든《포트란 자기교습 매뉴얼(FORTRAN Self Instruction Manual)》인데 한번 읽어봐."

성기수 박사가 내게 건네준《포트란 자기교습 매뉴얼》은 내가 만난 최초의 컴퓨터 세계였다.

영어 단어를 알아듣는 기계, 특히 'IF'라는 영어 명령어를 알아듣는 기계. 나는 곧바로 이 새로운 기계, 컴퓨터에 빠져들었다. 그날 나는 밤을 새우면서 그 책을 읽었다. 정말로 신기했다. 사람이 기계에 명령을 내릴 수 있다니! 그날 나는 새로운 세상이 오고 있음을 느꼈다.

그렇게 나와 컴퓨터와의 만남은 시작되었다.

2

KIST 전산실 연구원으로 한국 최초의 행정 전산화를 시작하다

1967년 말경에 성기수 박사가 한국과학기술원(Korea Institute of Science and Technology, KIST) 전산실장으로 가게 되면서 나와 같이 KDA에서 인턴으로 일하던 서울대학교 경영대학원 석사 출신 두 명도 함께 전산실 창립 멤버로 자리를 옮겼다. 성기수 박사는 내 직속 상관이 되었다. 참고로 그때 KIST에서 급여(payroll) 번호 1번은 최형섭 소장, 나는 141번이었다.

KIST 컴퓨터, CDC3300은 당시 아시아에서는 가장 큰 컴퓨터이자 포트란과 코볼(COBOL) 같은 고급 언어를 처리할 수 있는 국내 유일의 컴퓨터였다. 사실 KIST 컴퓨터는 KIST 소속 과학자의 과학계산을 돕기 위한 기술지원 목적으로 설치된 것으로 과학기술용 고급 언어는 포트란이었다. 그러나 나는 행정경영 업무처리 고급 언어인 코볼 언어가 CDC3300에 설치된 것을 알고 컴퓨터가 과학기술 계산이 아니라 행정경영 업무에도 도움을 줄 수 있을 것이라고 생각했다.

서울상대 출신인 나에게 이것은 좋은 기회였다. 무엇보다도 행정경영 영역의 컴퓨터 이용자를 확대하는 것이 나의 과제라고 생각하였다. 그러기 위해서는 행정경영에 종사하는 사람들에게 '컴퓨터는 배우기 쉽고, 사용하기 쉽다'는 인식을 심어주어야 했다. 그래서 나는 이제는 실장이 성기수 박사의 지원으로 교육반을 만들어서 컴퓨터 언어 교육에 힘쓰는 한편 컴퓨터를 활용할 수 있는 정부기관을 찾기 시작하였다.

경제기획원 예산국과 한국 최초의 행정 전산화 시스템 구축

우리나라에서 컴퓨터를 이용한 최초의 행정 업무는 경제기획원 예산국의 예산편성 업무였다.

당시 우리나라의 예산제도는 장-관-항-세항-목 구조의 전통적인 예산코드를 취하고 있었다. 그 시기 미국에서는 예산을 통한 정부혁신 등이 화두가 되어 계획예산제도(Planning Programming Budgeting System, PPBS)가 유행하고 있었다.

예산 시스템의 현대화 국가적 과제로 등장한 때였다. 이런 시기에 강경식 예산총괄과장과 성기수 박사가 만났다. 당시 성기수 박사는 컴퓨터의 위력을 가장 쉽게 설명할 수 있는 사람이었다. 두 사람은 의기 투합하여 예산편성 업무에 컴퓨터를 이용하기로 하였다.

성기수 박사는 KIST 전산실에 예산국 팀을 만들었고 나는 그 팀의 팀장이 되었다. 이근재, 이수자, 김정선 연구원과 고재엽(상업은행

교육파견)이 팀원으로 '예산 업무 전자자료 처리 시스템(Electronic Data Processing System, EDPS)' 구축에 함께하였다.

컴퓨터를 업무에 이용하기 위해서는 두 가지 지식이 필요하다. 하나는 컴퓨터 언어 등에 관한 지식이고 다른 하나는 업무처리 지식이다. 컴퓨터 사용 지식은 컴퓨터 언어 교육을 통하여 습득할 수 있었으나 업무처리 지식은 업무처리에 관한 법규와 제도 이외에 많은 관행도 포함되어 있어서 복잡하고 어려웠다. 그래서 나는 예산국 직원들에게 컴퓨터 언어를 교육하고 그들과 함께 예산편성 프로그램을 작성하는 전략을 사용했다.

경제기획원에서는 이진설(후에 건설부 장관) 사무관을 팀장으로 하여 10여 명의 직원을 선발, KIST에 보내서 컴퓨터 언어를 공부하도록 했다. 강의는 내가 했다. 한 달의 강의가 끝난 후 이들을 중심으로 예산 업무처리 흐름도(flowchart)를 그리고 프로그램을 작성하였다. 프로그램 작성은 KIST 전산실의 내 팀과 함께했다. 대성공이었다.

예산 업무 EDPS화(당시에는 '전산화'나 '정보화'라는 용어 대신 'EDPS화'라는 용어를 사용했다)에서 잊을 수 없는 것은 단순히 주판을 이용하여 수작업으로 하던 예산편성 업무를 전산화한 것을 넘어서 예산 데이터를 정책 결정과 행정에 이용할 수 있도록 예산코드를 재편성한 것이다. 이것은 강경식 과장의 아이디어였다. 종래의 '장-관-항-세항-목'의 전통적인 예산코드에 비도코드와 회계코드를 신설하였다. 비도코드는 예산의 용도를 나타내는 코드였다. 이 새로운 예산코드 시스템으로 예산의 두 가지 측면, 정책목표 측면과 예산관리 측면을 모두 표시할 수 있었다.

김주남 예산국장(후에 건설부 장관)은 예산국 전 직원을 동원하여 새로운 코드 시스템에 맞추어 기존 예산을 다시 편성하는 한편 다음 연도 예산편성도 이 새로운 시스템에서 하도록 하였는데 부가적인 업무였기 때문에 예산국 직원들은 엄청난 스트레스를 받았다. 특단의 조치로 김주남 국장은 자기 사무실 뒤에 커다란 차트를 달아놓고 사무관 이름을 열거한 다음, 이들의 데이터 입력 상황을 일일이 그려가면서 데이터 입력을 독려하였다.

김주남 예산국장과 강경식 예산총괄과장의 노력으로 새로운 예산 시스템은 빠른 시일에 자리를 잡았다. 이 예산 시스템은 세계 어디에 내놓아도 손색이 없는 시스템이었다. 후에 미국 연수를 다녀온 강경식 과장은 사석에서 내게 "우리 예산 전산화 시스템이 미국 시스템보다 우월하다"고 말해주었다. 이렇게 해서 정부 업무에 대한 한국 최초의 컴퓨터 활용은 성공적으로 이루어졌다.

서울시 세정과의 재산세, 수도세, 자동차세 업무 전산화

예산 업무 전산화에 몰두하고 있을 때 서울시에서 연락이 왔다. 서울시 업무 중 세금 계산과 고지서 발부 등 세정 업무에 컴퓨터를 이용하고 싶다는 것이었다. 나는 세정과장을 만나서 세정과 직원을 선발해달라고 하고 10여 명의 선발자들에게 컴퓨터 언어를 교육했다. 장소는 서울시 보건연구원이었다고 기억한다.

교육이 끝나고 나서는 이들과 함께 재산세, 수도세, 자동차세 등 업무처리도를 그리고 프로그램을 개발하였다. 서울시에서 교육을 받기 위해 파견된 공무원들은 대단히 우수하였다. 데이터는 펀치 카드를 사용하여 준비하였고 KIST 컴퓨터를 이용하여 성공적으로 처리하였다.

수도세 과세 업무를 전산화한다는 말이 들리더니 실제로 처리가 시작되자 서울시 수도세 징수액이 크게 늘었다고 했다. 전산화한다는 소문에 담당자들이 데이터 입력을 제대로 해서였다고 서울시 공무원이 귀띔해 주었다. 이것이 우리나라 최초의 지방자치단체 행정 전산화였다.

서울시 세정 업무 전산화는 대성공이었고 이어서 인천시, 대전시 등 다른 도시들에서도 요청이 와서 빠른 속도로 확산되었다.

홍릉과 광화문 사이 한국 최초의 컴퓨터 터미널 설치

당시는 모든 입력을 펀치 카드로 하던 시절이었다. 예산편성을 할 때면 경제기획원 예산총괄과 강경식 과장이 자동차를 타고 예산사정 자료를 홍릉으로 가져와서 키 펀치를 하고 이것을 처리한 다음. 그 산출물을 다시 광화문으로 가져가서 예산 편성에 이용하고, 수정하면 다시 홍릉으로 가져오는 일을 반복하였다. 어느 날 강경식 과장이 성기수 박사에게 질문했다. "광화문 예산총괄과에서 바로 처리할 수는 없나요?" "있지요. 그러나 돈이 듭니다. 지금의 OS로는 안 되고 OS를 MASTER 시스템으로 업그레이드해야 합니다." 성기수 박사가 그렇게 말했다. "돈은 예산국이 댈 테니 업그레이드합시다." 그렇게 해서 KIST 컴퓨터는 설치한 지 얼마 안 되어 다시 확장하면서 컴퓨터 터미널을 설치할 능력을 갖추게 되었다.

그러나 한국의 전화 사정은 열악하기 짝이 없었다. 음성 통화도 어려운 여건에서 데이터 통신을 시도한다는 것은 무모하기 짝이 없어 보였다. 그러나 나와 성기수 박사는 그 무모한 일을 하기로 하고 진행하였다. 전화국의 교환 스위치를 땜질하여 전용선을 설치하고 광화문 경제기획원 예산총괄과에 장소를 확보해서 키 펀치 기계, 콘솔, 라인 프린터를 설치하는 한편 수많은 어려움을 이겨내고 드디어 시험 운전에 성공하였다.

그때부터 경제기획원 예산총괄과에서 홍릉까지 자료를 가져올 필요 없이 모든 자료를 광화문에서 처리할 수 있게 되었다. 한국 최초의 데이터 통신망이 성공적으로 구축된 것이다.

예산국 터미널 개통식에는 박정희 대통령도 참석하여 축하해 주었다. 개통식에 앞서서 강경식 과장이 고사를 지낸 것이 '최첨단 과학장비에 웬 고사?'라며 신문 가십거리로 오른 것도 작은 에피소드다.

홍릉과 광화문 간 원격 데이터 통신 성공으로 서울시 등에서도 KIST 터미널을 원격 설치하면서 한국은 명실공히 KIST 컴퓨터 중심의 별 모양 컴퓨터망(STAR network) 전성시대를 구현할 수 있게 되었다.

3

한국 최초로 일반인 대상 컴퓨터 교육반을 운영하다

당시만 해도 상당히 고가였던 컴퓨터가 최빈국인 한국 KIST에 설치된 것은 1970년이었다. 그 값비싼 기계의 활용도를 높이는 것이야말로 무엇보다 중요한 일이었다.

그 시절에는 모든 사람이 컴퓨터를 과학기술 계산을 지원하는 과학장비로 생각했다. 컴퓨터 프로그래밍을 아는 사람도 거의 없었다. 이용자를 확대해야 했다. 비싼 장비를 설치하고도 이용자가 없으면 안 되었기 때문에 이용자를 확대해야만 했다. 성기수 박사와 나는 새로운 슬로건을 내걸었다. "컴퓨터는 배우기 쉽고 사용하기 쉽다." KIST 컴퓨터는 포트란과 코볼과 같은 고급 언어를 사용할 수 있는 국내 유일의 컴퓨터 센터였다. 나는 이 슬로건에 맞도록 성기수 박사에게 교육반 설치를 건의하고 동아일보에 광고를 냈다. 수강생 모집 광고였다. 모두 반신반의했다. 3개월 반 과정으로 수강료가 꽤 비쌌던 것이다. 사실 이것은 성기수 박사의 아이디어였는데 그는 수강생들이 높은 금액을 지불해야 더 열심히 공부할 것이라고 했다. 광고 문안에는 명동에 있는 유네스코(UNESCO) 회관 로비에서 수강생을 위한 상담을 하고 있다는 내용도 넣었다. 나는 명동 유네스코 회관 로비에 책상을 놓고 방문하는 수강 지망생을 설득하였다. 다행히 한 반이 만들어졌다. 강의는 컴퓨터 언어인 포트란과 코볼 위주로 실습에 중점을 두고 KIST에서 진행했다. 수강생들의 반응은 상당히 좋았다. 수강생들 중에는 초·중·고등학교 교사들, 특히 과학 교사와 수학 교사가 많았다. 이들은 빠르게 배웠다. 3개월 반이 끝난 후 그 가운데서 성적이 우수한 학생을 뽑아서 다음 기의 강사로 위촉하였다. 그렇게 강사 부족을 해결할 수 있었다.

국내 대학에 컴퓨터 전공학과도 없고 컴퓨터 언어를 사용할 수 있는 사람이 거의 없던 시절의 일이었다. KIST 전산실 교육반은 국내 유일의 컴퓨터 교육기관이었다.

4

지방 대상으로 컴퓨터 통신 강좌를 운영하다

당시 일본은 파콤(Fuji Automatic Computer, FACOM)이라는 컴퓨터를 생산하고 있었고 컴퓨터 이용 면에게서도 우리보다 앞서 있었다. 일본에서는 통신 강의로 컴퓨터 언어를 교육하고 있었다. 그 통신 강의 교재를 입수하여 분석해 보니 우리나라에서도 충분히 승산이 있을 것 같았다. 그래서 먼저 포트란 통신 강의를 하기로 하고 교재작성에 들어갔다. 교재는 당시 공사 교관이던 한필순 박사(후에 원자력연구원장)에게 의뢰하였다.

신문에 광고하고 통신 강의를 실시하였다. 먼저 수강생이 통신 강의에 등록하면 책을 보내주고 실습용 코딩 원고지(coding sheet)를 동봉

했다. 수강생들이 프로그램을 직접 코딩 원고지에 작성하여 KIST 교육반에 우편으로 보내면 교육반에서는 그것을 펀치하고 컴퓨터로 처리한 다음 그 결과를 펀치 카드와 함께 수강생에게 보내주었다. 에러가 나오면 그대로 보내어 수강생이 스스로 수정하도록 하고 그렇게 수정한 것을 다시 코딩 원고지에 적어서 우편으로 보내면 교육반에서 컴퓨터로 처리하여 정답을 보내주었다. 이 아이디어는 지방 거주자들에게 인기가 있었다.

이 통신 강의를 통하여 포항의 어느 국영기업체에 근무하던 수강생이 컴퓨터 전문가가 되어서 그 기업의 전산 책임자가 되기도 하였다.

5

상업고등학교가 정보고등학교로 전환되다

이러한 KIST 전산실의 노력으로 컴퓨터는 배우기 쉽고 사용하기 쉽다는 인식이 서서히 퍼지기 시작하였다.

단순반복 업무로 처리할 자료량이 많은 기업활동에서 컴퓨터는 중요한 역할을 담당할 수 있었다. 당시 단순반복 업무의 계산처리는 주판이 담당하여 은행이나 정부기관은 모두 주판 유단자를 채용하여 계산 수요를 충족하고 있었다. 주판 교육은 초등학교부터 필수과목이었다. 컴퓨터가 도입되면서 가장 충격을 받은 것은 주판을 중심으로 부기 업무를 하고 각종 계산을 교육하는 상업학교였다.

대표적인 상업학교인 서울의 덕수상업학교가 나섰다. 덕수상업고등학교 이성조 교장은 성기수 박사의 경북대학교 부속중학교 은사였다. KIST 전산실 교육반에서는 학교 교사를 위한 컴퓨터 강의를 했고 덕수상업고학교에 국내 학교로는 처음으로 홍릉 KIST 컴퓨터와 연결된 터미널도 설치하였다. 나는 교재를 만들고 컴퓨터 활용 위주의 교과목도 짜주었다. 이러한 교육개혁은 대성공을 거두었으며 덕수상업학교는 교명을 덕수정보고등학교로 개명하였다. 이성조 교장이 서울시 교육감이 되면서 이러한 추세는 가속화되었다.

6

한국에 OR을 본격적으로 소개하다

KIST 전산실 창립멤버로 들어갔을 때, 나는 서울대학교 행정대학원 무급조교를 겸임하고 있었다. 그 당시 행정대학원에는 행정학과만 있었으나 이한빈 교수가 원장으로 취임하면서 도시 및 지역계획학과를 신설하였다. 그래서 나는 도시 및 지역계획학과 소속으로 조교 자리를 옮겼다. 학과장은 노융희 교수, 권태준 교수는 전임교수였다. 조교로는 나와 김안재 선생과 황명찬 건국대학교 교수가 있었다.

이한빈 교수는 성기수 박사를 높이 평가했다. 행정대학원 학생들에 대한 컴퓨터 교육과 과학적 의사결정을 위한 운용과학(Operations Research, OR) 강의의 필요성을 본 이한빈 교수는 그 강의를 성기수 박사에게 부탁하였다. 성기수 박사는 최적의 의사결정 방법인 OR을 강의했고 나는 조교로 도왔다. 그때 나는 처음으로 선형계획기법(Linear Programming, LP)과 공정관리기법인 프로그램평가검토기법(Program Evaluation and Review Technique, PERT)기법을 배웠다.

내가 놀란 것은 성기수 박사의 쉬운 강의 기법이었다. 그는 어려운 수학모형을 정말 쉽게 가르쳤다. 미국 유학을 하면서 자원경제학과에서 OR 전공으로 박사학위를 딸 수 있었던 것은 모두 성기수 박사의 영향이었다고 생각한다.

성기수 박사가 KIST 일로 바빠지면서 내가 대신 강의를 하는 일이 많아졌다. 나는 OR 시간에 포트란도 같이 강의했다. 행정대학원에서 강의를 하면서 많은 대학원 학생들을 만날 수 있었고 그들은 그 후 내 연구활동에 많은 도움을 주었다. 한국에서 행정학과에서 OR 강의를 한 것은 서울대학교 행정대학원이 처음이었다,

양택식 시장 시절 서울시 교통연구단 연구위원으로 과학적 교통정책 주도

서울대학교 공과대학 출신인 이면우 교수를 만난 것은 그 무렵이었다. 이면우 교수는 미시간대학교에서 산업공학으로 석사학위를 받고 귀국하여 KIST 경제분석실에 위촉연구원으로 나오고 있었다. 이면우 교수의 전공은 인간공학이었고 OR의 대기이론에 밝았다. 컴퓨터 언어에 능통하고 서울대학교 행정대학원에서 OR을 강의하고 있었던 나와 이면우 교수는 단짝이 되었다.

그때 양택식 서울시장으로부터 연락이 왔다. 역시 서울대학교 공과대학 출신인 양택식 시장은 서울시 교통문제 등 여러 문제를 컴퓨터와 수식 모형을 이용하여 과학적으로 해결하기 위하여 나와 이면우, 임성빈 교수를 교통연구위원으로 위촉하고 서울시에 교통연구단을 설치하는 한편 사무국도 설치하였다.

그때 수행한 연구는 다양했다. 남산1호터널을 서울시가 언제 이양받는 것이 좋을지, 서울시 교통난 해소를 위한 방안으로 종로와 을지로를 일방통행으로 하는 아이디어를 검토하기도 했다. 주차요금 정산기 설치 타당성도 연구하였다.

지금도 기억에 남은 것은 전쟁 발발을 상정한 피난민 교통대책이었다. 가장 문제가 되는 것은 한강 이북의 피난민 대책이었다. 전쟁이 나기 전부터 피난민이 일정한 통계적 함수에 따라서 발생한다는 가정을 세우고 이들이 어떤 길을 따라서 남쪽으로 이동하고 한강에서는 어느 지점에 집결하는지를 시간대별 시뮬레이션 모델로 만들어서 컴퓨터로 시뮬레이션했다. 그리고 우리는 피난 대책을 만들면서 한강에 피난민을 위한 임시 부교 설치와 함께 그 시기와 위치도 특정했다. 이 대책은 박정희 대통령이 참석한 비상대책회의에서 양택식 시장에 의하여 보고되었고, 대통령으로부터 극찬을 받았다.

육군연구발전사령부 장교 대상의 OR 교육

이때부터, 나와 이면우 교수 주변에는 OR을 배우려는 사람이 모여

들었다. 우리는 OR 교육의 필요성을 느끼고 육군본부 연구발전사령부 소속 소령들을 대상으로 OR 강의를 시작하였다. 장소는 홍릉의 산업연구원 자리였다. 이면우 교수는 대기이론을, 나는 선형계획기법과 컴퓨터 시뮬레이션을 강의하였다. 소문이 나자 해군과 공군에서도 강의 요청이 왔다. 육군, 해군, 공군 모두를 대상으로 매주 토요일에 KIST에서 세미나 형식으로 공부를 하는 모임을 만들었다. 필요한 경비는 내가 부담하였다. 이것이 아마도 우리나라 최초의 OR 공부 모임이 아니었나 생각한다.

7

컴퓨터 마인드가 확산되다

KIST 전산실의 교육 노력과 함께, 공무원과 일반인에게 컴퓨터가 멀리 떨어진 것이 아니고 우리 주위의 문제를 해결해 주는 중요하고 유익한 수단이라는 인식, 즉 컴퓨터 마인드 확산이 필요하였다.

국립영화제작소 홍보영화 〈컴퓨터란?〉 제작

1970년 당시 박정희 대통령은 KIST에 설치된 컴퓨터에 많은 관심을 보이며 각료들에게 컴퓨터를 활용하여 행정을 과학화할 것을 지시하였다. 그래서 각료들이 컴퓨터를 배우러 KIST 전산실을 줄지어 방문하였다.

그 중심에는 경제기획원 예산총괄과장인 강경식 과장이 있었다. 어느 날 그가 내게 컴퓨터 이용 확대를 위하여 홍보영화를 만들자고 제의하였다. 그날부터 나와 강경식 과장은 시나리오를 작성하고 국립영화제작소 실무진과 협의를 시작하였다. 그렇게 만든 영화 제목은 〈컴퓨터란?〉이었다. 나는 시나리오에서부터 주연배우에 이르기까지 열심히 참여하였다. 이것은 한국에서 만들어진 최초의 컴퓨터 활용을 위한 홍보영화로, 컴퓨터 박물관이 만들어지면 비치해야 할 자료라고 생각한다. 이후 KIST를 방문하는 사람들에게는 이 영화 상영이 필수 과목이었다.

MBC 라디오 프로그램 〈컴퓨터에게 물어보세요〉 운영

1970년 어느 날 MBC의 김진희 PD에게서 연락이 왔다. 〈컴퓨터에게 물어보세요〉라는 라디오 프로그램에 대한 제안이었다. 청취자가 궁금해하는 것을 컴퓨터에게 물어보는 형식으로 컴퓨터 활용의 일상화를 도모하자는 것이었다.

나는 동의를 하고 즉시 준비에 착수하였다. 먼저 MBC에서 청취자가 물어올 질문을 미리 KIST 팀에 알려주면 그것을 계산하여 준비해 두었다가 실시간으로 라디오에서 대답해 주는 프로그램이었다. 카드 리더 돌리는 소리, 라인프린터 인쇄 소리 등 실감이 나도록 현장에서 실시간으로 중계하는 형식을 취하였다. 인기 아나운서였던 강영숙 아나운서가 방송을 맡았다.

복잡한 계산 문제의 해답을 요구하는 것도 있었으나 질문 가운데 상당수는 자신의 생년월일을 양력에서 음력으로, 음력에서 양력으로 전환해 달라는 정도의 수준이었다. 전담팀을 만들어서 해답을 찾아주어야 할 정도로 다양한 질문이 들어왔다. 상당히 인기 있었던 이 프로그램은 내가 미국 유학을 떠나면서 끝났다.

8

내가 만난 박정희 대통령

박정희 대통령은 홍릉에 있는 KIST 설립자이다. 그는 KIST가 홍릉에 자리를 잡고 건물을 지을 때도 가끔 건설 현장을 방문하여 건설 관계자를 격려하였다. 1969년 전자계산실에 동양 최대의 메인프레임 컴퓨터인 CDC3300이 설치되자 박정희 대통령은 KIST 전자계산실을 방문하여 큰 관심을 보였고 전산실장인 성기수 박사가 브리핑하였다.

내가 가까운 거리에서 박정희 대통령을 만난 것은 광화문에 있는 경제기획원 예산국에 데이터 통신 터미널 CDC200 UT를 국내 최초로 설치했을 때였다.

대통령이 경제기획원에 경제관계 회의를 마치고 예산총괄과에 설치된 터미널 개통식에 참석한 날, 나는 그 브리핑을 맡았다. 박정희 대통령은 기회 있을 때마다 각료들에게 컴퓨터를 배우도록 했는데 그 지시 이후, 장관들은 시간을 내서 홍릉의 KIST를 방문하여 컴퓨터 이용에 필요한 브리핑을 받았다. 박정희 대통령의 컴퓨터에 관한 관심과 지원은 우리나라의 컴퓨터 여명기를 이끄는 동력이 되었다.

2

만남에서 싹트고

전자정부 발아기

1

미국 유학을 떠나다

1972년부터 1976년까지 나는 미국 유학을 하였다. 당시 미국 유학 통로였던 미 국무부의 동서문화센터(East-West Center, EWC) 장학생으로 선발되어 하와이 주립대학교에 가게 되었다.

1974년에 컴퓨터과학으로 석사학위를 했는데 석사과정 중 지도 교수인 노먼 에이브럼슨(Norman Abramson) 교수의 후원을 받아 시스템분석 전공으로 자원경제학과의 박사과정에 진학하여 1977년 박사학위를 받았다.

미국 동서문화센터의 유학생 선발

1960년대에서 1970년대까지 EWC는 한국에서 미국으로 유학을 갈 수 있는 몇 안 되는 통로였다. 미 국무부가 설립한 이 기구는 하와이 주립대학교와 연계하여 개발도상국 유학생에게 장학금을 주어 해당 국가 인재양성을 도모했다.

따라서 당시 한국을 선도한 학자들 가운데는 EWC 장학생 출신이 많다. 나는 이 기관의 장학생에 선발되어 1972년에 하와이 주립대학교에서 1974년 컴퓨터과학 석사학위를 받았다. 내게는 컴퓨터를 제대로 공부할 수 있는 기회였다. 그때만 해도 한국에는 컴퓨터학 석사학위를 받은 사람이 드물었다.

노먼 에이브럼슨 교수와의 인연

노먼 에이브럼슨 교수는 미국 유학 시절 특히 잊을 수 없는 인물이다. 컴퓨터 통신 분야에서 세계적인 학자였던 그는 패킷무선방송통신시스템(Aloha Packet Radio Broadcating Sytem)을 창도하였으며 그의 성과는 지금도 인터넷 시대 와이어리스(wireless) 통신의 모태가 되었다. 나는 에이브럼슨 교수를 지도 교수로 석사과정을 밟았으며 박사과정에는 그가 선도한 미 국방부 국방고등연구계획국(Defense Advanced Research Projects Agency, DARPA)이 지원하는 알로하 프로젝트(Aloha Project)의 연구원으로 연구하면서 학비에 도움을 받았다. 에이브럼슨 교수의 추천으로 IBM 펠로십에 선정되어 장학금도 받았는데 IBM 펠로십은 미국 전역에서 선발한 30여 명의 재원에게 학비를 지원해 주는 장학제도로 지금도 매년 장학생을 선발하고 있다.

2

KIST 복귀 후 충북 행정 전산화를 시범운영하다

1977년 유학을 마치고 KIST로 복귀하였다. 성기수 박사와 한상준 소장은 매우 반가워하며 환영해 주었다.

책임연구원으로 승진하고 전산시스템개발실장이 된 나는 부장인 성기수 박사 아래 일했다. 전산부에는 전산시스템개발실과 운영실 그리고 행정실이 있었다. 전산시스템개발실은 소프트웨어 개발 연구를 담당하는 연구 부서였다.

나는 전산시스템개발실장으로 모든 연구원이 신나게 일을 할 수 있도록 연구 분위기를 조성하였다. 몇 가지 중요한 과제는 실장인 내가 직접 연구책임자가 되어 구축하였다.

충북 행정 전산화 시범운영 사업 계획

귀국하자마자 나는 맨 먼저 강경식 예산실장을 방문하여 귀국 인사를 하였다. 그는 승진을 하여 경제기획원 예산실장이 되어 있었다. 내가 유학을 떠나기 전에 만들어놓았던 예산국 전산실은 그대로 존치하고 있었다. 그동안 전화의 품질이 많이 개선되어서 데이터 통신도 원활히 이루어지고 있었다.

어느 날 예산 시스템 개선 방안을 논의하다가 강경식 실장이 심각한 표정으로 말했다. "우리나라는 수출로 먹고사는 나라인데 그러려면 수출단가를 낮추어야 합니다. 그런데 조사해 보니, 수출 비용 가운데서 행정 비용, 그러니까 관청에 서류를 내고 승인을 받는 등의 비용이 차지하는 비중이 너무 커요. 이 문제를 컴퓨터로 해결할 수는 없을까요?" 나는 호적등본 발급에 하루가 꼬박 걸린 일을 돌아보며 여러 관청에서 각각 발급받은 민원서류를 민원인 본인이 종합하여 주무기관에 제출하는 제도를 개선해야 한다고 말하였다.

이 문제를 해결하기 위하여 나와 성기수 박사, 강경식 실장은 몇 차례 만난 끝에 한 가지 해결방법을 찾아냈다. 한 개의 도를 선정하여 컴퓨터로 행정서류를 처리하고 원거리에서도 민원서류 발급이 가능하다는 것을 보여주자는 것이었다. 시범도로는 충청북도가 선정되었다. 당시 충청북도 도지사는 정종택 지사였다. 강경식 실장을 필두로 한 세 사람은 정종택 지사를 찾아 청주를 방문하고, 양해각서(MOU)를 맺었다. 정종택 지사는 전적인 지원을 약속했다.

나는 전산시스템개발실에 충북 행정전산 시범운영팀을 만들고, 팀장으로는 서울시 세정과 출신으로 유학 전에 내가 스카우트한 신동필 연구원을 임명하였다. 연구팀은 청주에 아파트를 빌려서 상주하면서 연구를 진행하였다.

충북 전역의 모든 군청에는 단말기를 설치하였다. 음성군은 읍면 단위까지, 청주도청에도 성능이 좋은 단말기를 두고 모든 단말기를 홍릉의 KIST 전산실에 연결하였다.

단말기를 통하여 주민등록서 호적, 재산세, 자동차 등 모든 아날로그 문서를 디지털화하는 작업을 하였다. 장부에 한자가 많아서 이것을 입력 장치를 통하여 입력하기란 대단히 힘들었다. 한자를 잘 아는 시골 노인의 자문을 받기도 하며 이 일을 진행하였다. 데이터 입력 작업을 하면서 청주에 상주하던 KIST 팀은 충북 공무원과 함께 코볼 언어를 사용하여 컴퓨터 프로그램을 작성하였다.

드디어 음성군 어느 주민의 주민등록등본이 청주도청의 단말기를 통하여 출력되어 나왔다. 모두 환호성을 울렸다. 그러나 문제는 법이었다. 그 당시 주민등록법에 따르면 주민등록이 되어 있는 기관의 장만이 주민등록등본을 발급할 수 있었다. 원격 발급은 그 당시 제도하에서는 불가능한 일이었다. 원격 서비스가 가능하도록 제도 개선이 필요했다. 이것은 당시 우리 연구팀의 능력 밖에 있는 일이었다. 시범운영은 제도 개선이 이루어지기까지 기다려야 했다.

다행히 그 시기는 그리 멀지 않았다. 1980년대 5대 국가기간전산망 사업의 하나로 일반행정망이 선정되었고 충북 행정 전산화 시범운영의 소중한 경험이 그 사업의 기반이 되었다. 한국의 행정 전산화 능력은 기술적으로 엄청난 도약을 했다. 사이버 시대에 맞는 제도 개혁의 필요성이 크게 부각되었다.

시범운영을 통하여 전자정부 구축의 장애 요인을 모두 파악할 수 있었고 개발에 참여한 지방공무원들의 전산 교육도 이루어졌다. 충북도청 소속의 공무원들은 1980년대 5대 국가기간전산망 일반행정망 구축할 때에 기간요원으로 일했다.

나는 이 경험을 아주 소중히 여긴다. 이때의 경험이 후에 내가 전자정부특별위원회를 이끌 때에 크게 도움이 되었다.

3

감사원 결산검사 업무를 전산화하고 전산실을 구축하다

행정부 업무에 컴퓨터를 이용하기 위해서는 기관장의 이해와 신뢰가 중요하다.

예산 업무 EDPS화 연구가 대표적인 예로 당시 강경식 예산총괄과장의 신뢰가 있어서 가능한 일이었다.

1970년대 말, 행정 전산화 업무에서 빼놓을 수 없는 것이 감사원 결산감사 업무의 전산화와 감사전산실 구축이다. 동홍욱 감사원 사무총장은 대단히 학구적인 인물로 감사원 사무총장으로 부임하기 전에는 중앙공무원교육원장을 역임했으며 고려대학교 행정학과 박사과정에도 등록하고 있었다.

동홍욱 사무총장 역시 하버드대학교 2년 내 박사라는 신기록을 세운 성기수 박사의 명성을 들어 알고 있었다. 그러한 신뢰를 바탕으로 나는 동홍욱 총장에게 감사원 결산감사 전산화 시스템 개발을 제의하였다.

당시 삼청동 감사원 본관 앞에는 별관이 있었는데 그곳에는 주판 유단자 30여 명이 상주하면서 전국에서 도착하는 회계관계 영수증을 회계코드별로 분류하고 합계를 내서 감사관들의 감사를 도왔다.

나는 그 건물에 관심을 갔다. 그곳에서 하는 일에 대해 전산화 작업을 진행하면 될 것 같았다. 동홍욱 사무총장은 내 말에 동의하였다. 나는 KIST 전산시스템개발실에 감사원팀을 만들고 감사원에 KIST 터미널을 설치하였다. 우리 팀에서 개발한 결산 업무의 전산화를 통하여 회계 자료의 자동 합계와 분류가 가능해졌다. 전산화로 일이 없어진 주판 유단자들은 재훈련을 통하여 데이터 입력요원으로 활용하였다. KIST 팀의 노력으로 당시 우리나라의 감사전산 시스템은 세계적으로도 톱 클래스에 속하게 되었다. 나는 1980년 세계감사원장 회의에서 이 같은 노력들을 모아 발표했다.

현재 감사원 전산실의 뿌리는 1970년대 말에 KIST 전산팀이 개발하고 구축한 감사 시스템이라고 할 수 있다. 나는 오랫동안 감사원 정책자문위원으로 감사원 전산화 업무를 자문했다.

4

도서정보 전산화 시스템을 개발하다

당시 정부출연으로 국제경제연구원이라는 경제연구기구를 만든 정재석 원장(후에 재정경제원 장관)은 경제기획원 출신으로 대단한 능력을 갖추었다는 평가를 받았다. 국제경제연구원 도서관에는 소중한 경제학 원서가 들어오기 시작하였다. 대학에서 도서관학을 전공한 사람을 사서로 채용하여 정리를 맡겼는데 밀려들어 오는 서적을 분류하고 서지를 만들어 분류기호를 부여하고 이것을 서가에 정리하는 것은 일손이 많이 필요한 일이었다. 도서관에는 항상 정리되지 않은 외국 서적이 쌓여있었다.

정재석 원장은 어느 날 KIST 전산실을 방문하여 컴퓨터를 이용해서 쉽게 자동으로 책을 정리할 방도를 물었다.

나와 성기수 박사는 아이디어를 냈다. 첫째, 책이 도착하면 무조건 일련번호를 부여하여 책장에 순서대로 넣어둔다. 둘째, 그 책을 연구원들에게 돌려서 책을 가장 잘 대표하는 키워드를 10개 이내로 뽑도록 한다. 셋째, 그 책의 제목, 저자, 출판연도, 출판사 등 서지 정보를 컴퓨터에 입력한 뒤에 도착할 때 부여한 일련번호를 서지에 부여하고 연구원들이 선정한 키워드를 연결한다. 넷째, 도서관을 이용하는 사람들에게 자신이 원하는 책의 키워드를 써내게 한 다음에 컴퓨터 검색 프로그램을 만들어서 가장 키워드가 비슷한 책을 찾아 일련번호를 알려주도록 한다. 다섯째, 사서는 그 일련번호로 책장에서 그 책을 찾아서 원하는 사람에게 대출해 준다. 이 도서정보 시스템에 필요한 프로그램을 우리 연구실 개발팀이 만들었다.

프로그램 운영을 위하여 국제경제연구원에 KIST 터미널을 설치하였다. 대성공이었다. 밀려들어 오는 외국 서적은 도착 즉시 책장에 꽂혔고 연구원들이 선정한 키워드로 도서 검색이 가능해졌다.

이 시스템은 KIST 도서실, KDI 도서실, KAIS 도서실 등에서 채택하였으며 출판사를 중심으로 해외 도서관리 전산 시스템을 도입하여 자체 도서개발 전산 시스템을 개발하기 전까지 한국의 과학 관련 연구소 도서관의 도서관리 시스템이 되었다.

개발과 운영에는 KIST 전산시스템개발실의 신동필 연구원이 팀장으로 수고하였다.

5

인공위성을 이용한 원격탐사 기술을 KIST에 도입하다

컴퓨터 응용 분야는 입력 센서의 기술 개발에 영향을 많이 받았다. 그 대표적인 예가 예비고사 제도에 도입된 OMR 기계다. 이전까지는 답안지를 수기로 채점하고 그 점수를 카드에 펀치하여 입력했는데 오류도 많았고 오류를 막기 위하여 2회 이상 따로 입력을 하기도 하였다. 이런 불편이 OMR 기계의 도입으로 일거에 해결되었다. 자동입력 기술 개발의 효과를 알게 된 나는 보다 적극적으로 입력을 자동으로 하는 기술에 관심을 가졌다.

그때 내 눈에 띈 것이 인공위성을 이용한 지표면 정보 입력, 즉 원격탐사 기술이었다. 나는 유학 시절 에이브럼슨 교수 밑에서 인공위성이 미래의 데이터 통신의 주역이 될 것이라는 것을 배웠다. 인공위성은 내게 친근한 기술이었다.

이 분야의 세계적인 학자인 미국의 제임스 밀러(James Miller) 교수와 일본의 무라이 준지(村井俊治) 교수를 찾았다. 밀러 교수는 텍사스 A&M대학교, 무라이 교수는 도쿄대학교 소속이었다. 우리는 이들을 차례로 KIST에 초청하여 자문을 받았다.

전산시스템 개발실에 원격탐사팀을 만들고 양영규 연구원과 김의홍 연구원을 팀원으로 임명했다. 양영규 연구원은 밀러 교수와, 김의홍 연구원은 무라이 교수와 한 팀이 되어 기술이전을 받도록 했다.

이 전략은 성과를 냈다. 인공위성 자료를 이용하여 서해안 간척가능 지역을 찾았고, 서울시의 도시화 추세와 미래도시화 지역을 찾는 등 당시로는 불가능해 보였던 일을 해낸 것이다. 당시 정부 국정 과제 중 하나는 쌀 자립이었는데 특히 농산물 작황을 미리 아는 것이 중요하였다.

미곡 작황예측에 인공위성 데이터를 활용하는 연구에 착수한 다음 발표한 연구 결과는 대성공이었다. 각 부처에서 앞다투어 이 기술을 도입하였다.

이렇게 해서 원격탐사 연구는 KIST 전산연구부의 간판 프로젝트가 되었다. 대통령 등 VIP가 방문할 때면 내가 브리핑을 했다.

나는 자체적인 원격탐사 전문가 양성의 필요성을 느끼고 밀러 교수와 무라이 교수에게 KIST 연구원이 그들의 나라에서 박사학위를 할 수 있도록 도움을 줄 수 있는지를 타진하였다. 그들이 흔쾌히 동의해 준 덕분에 양영규 연구원은 미국의 밀러 교수에게, 김의홍 연구원은 일본 도쿄대학교에 유학 보낼 수 있었다. 세월이 흘러 박사학위를 받고 귀국한 그들은 우리나라 원격탐사 연구를 이끌었다.

6

서울시 학군배정 프로그램을 개발하여 입시 제도를 개혁하다

귀국 후, 나는 충북 행정 전산화, 감사원 결산감사 시스템 전산화, 대학 예비고사 전산처리 등 정부 업무의 전산화에 집중하여 일하였다. 전산시스템개발실에는 정부 업무뿐만 아니라, 민간기업과 병원 업무 등 민간부문의 경영정보 시스템을 담당하는 팀을 두었다. 팀장을 맡은 김봉일 연구원은 뛰어난 능력을 보여주었다.

개인적으로 미국에서 컴퓨터학 석사를 하고 OR 전공으로 자원경제학 박사학위를 취득한 나는 경제학, 행정학, 컴퓨터학, OR을 융합한 분야의 연구가 하고 싶었다. 그 기회는 서울시로부터 왔다.

학군배정 프로그램 개발을 통한 교육개혁

1970년대 정부는 과외 문제로 골머리를 앓고 있었다. 사교육비가 너무 많아서 각 가정의 가계가 파탄 날 지경이었다. 정부는 특단의 조치를 취했다. 중고등학교 입시를 모두 없애고 '뺑뺑이(난수)'를 돌려서 학교를 강제 배정하기로 한 것이다. 서울을 4개 대단위 학군으로 구획하고 구획 내에 거주하는 학생은 그 안의 학교에 난수를 이용하여 배정하였다.

과외를 할 필요가 없어지면서 학교 평준화가 이루어진 것이었다. 그러나 다른 문제가 발생하였다. 교통지옥이었다. 당시에는 지하철이 없어서 대중교통은 버스가 책임지고 있었다. 자가용도 보급되기 전이었다. 학생들은 등교하기 위하여 만원버스를 타야 했다. 당시는 버스마다 차장이 있어서 승객을 몸으로 밀어넣기도 하였다. 학기마다 문을 열어놓고 출발하는 만원버스 때문에 여학생이 버스에서 떨어져서 죽는 일도 발생하였다. 뭔가 대책을 세워야 했다.

서울시 교통국장이 내게 전화를 걸어 자기가 살고 있는 집에서 가까운 학교에 학생을 배정할 수 있는지, 컴퓨터로 배정할 수 있는지 물었다. 나는 즉시 그 문제가 내가 전공한 OR 기법 가운데서 '수송형 LP 문제'라는 것을 떠올렸다. 나는 연구책임자로서 연구계획서를 만들고 서울시와 연구용역을 체결하였다.

중학교 2학년, 고등학교 2학년 학생을 대상으로 전수조사를 했다. 학생별 주소지 동명을 기재토록 하고 지금 다니는 학교 이름도 조사했다.

주소지에서 가장 가까운 학교에 배정하려면 학생이 사는 집과 학교의 위치를 좌표로 입력해야 했다. 그 고민을 해결해 준 것은 내 연구실의 한 팀이 서울시 종로구를 대상으로 시범운영한 지적 전산화 연구 결과였다. 디지타이저(digitizer)라는, 지도상의 좌표를 자동으로 알려주는 장치를 사용하여 종로구의 지적도를 모두 좌표로 입력한 경험이 유용하게 쓰였다.

다만 학생들의 주소가 들쑥날쑥이라 주소지의 좌표를 입력하는 데 어려움이 있었다. 그래서 편법으로 학생들이 거주하는 동의 중심점 좌표를 찾아서 입력하였다. 배정하려는 학교는 수용 가능 인원과 함께 디지타이저로 좌표를 쉽게 입력할 수 있었다.

데이터 준비가 된 것이다. 동사무소 중심지마다 배정해야 할 학생 수가 계산되었다. 이것은 수송형 LP에서 공급지가 되고 학교는 도착지, 즉 수요지가 되었다. 이렇게 컴퓨터 프로그램으로 최소 거리를 목적함수로 하여 수송형 LP를 풀었더니 멋진 결과가 나왔다. 이제 남은 것은 개별 학생을 구체적으로 어느 학교에 배정하느냐는 것이었다. 이것은 난수를 이용하여 배정하였다. 답이 나왔다.

이제 새로운 시스템을 검증하는 일이 남았다. 학생들에게 지금 다니는 학교까지의 거리와 시간을 조사하고 새로운 시스템에 의한 통학 소요 거리와 통학 시간도 컴퓨터로 계산한 다음 그 결과를 현행 통학 거리, 소요 시간과 비교하였다. 대성공이었다. 통학시간과 거리가 대폭 단축된 결과가 나온 것이다.

그러나 교육청으로부터 거센 반대가 나왔다. 새로운 배정 방식은 어렵게 구축한 학교 평준화를 다시 붕괴시키는 것이라는 이유였다. 집에서 가까운 학교에 학생을 배정하면 학부모들이 좋은 학교 근방으로 이사해서 결과적으로 좋은 학교는 더 좋아지고 나쁜 학교는 더 나빠질 것이라는 것이었다. 그 의견에는 일리가 있었다. 최종 결정은 정부의 몫이었다. 이 문제는 서울시를 넘어서 정권 차원의 문제인 듯했다. 청와대 경제수석이 참석한 회의에서 서울시 교통국장과 서울시 교육청 담당자 사이에 설전이 벌어졌다. 기나긴 토론 끝에 마무리 발언이 있었다. 서울시 교통국장은 비장한 표정으로 마무리 발언을 했다. "여러분, 과외를 없애야 합니다. 그러기 위해서는 학교 평준화를 해야 합니다. 나는 동의합니다. 그러나 학교 평준화를 학생의 고통을 통하여 이루겠다는 것이 교육자가 가져야 할 자세입니까? 학교 평준화는 교사의 평준화, 시설의 평준화를 통하여 이루어야지 학생의 고통을 통하여 이루어져서는 안 된다고 생각합니다." 명연설이었다. 그 연설로 우리가 개발한 컴퓨터를 이용한 최소 통학거리 배정 알고리즘이 새로운 학교 배정 정책으로 채택되었다. 나는 뿌듯함을 느꼈다. 컴퓨터가 학생들의 고통을 줄여줄 수 있다는 사실이 기뻤다.

당시 KIST 컴퓨터 성능이 높지 않아서 250×250이라는 엄청난 크기의 수송형 LP 프로그램을 우리 연구실에서 별도로 개발해야 했다. 이 어려운 일은 박성주 박사가 맡아서 해주었다.

7

수사경찰의 과학화와 경찰사관학교 설립을 건의하다

어느 날 강경식 경제기획원 예산실장으로부터 만나자는 연락이 왔다. 범죄 증가율은 점차 늘어나는데 검거율은 그에 따르지 못해 경찰이 메스컴의 비난을 사는 중이었다. 강경식 실장은 치안본부에서는 경찰관 수의 증원을 요청하고 있지만 자기 생각에는 수사경찰 시스템에 근본적인 문제가 있는 것 같다고 했다. 그러면서 이 문제를 체계적으로 연구해서 대책을 보고해 달라는 것이었다. 치안본부에서는 수사과 소속 경정과 경감을 연구팀에 배속했다. 나는 양영규 연구원을 이 연구에 동원하여 팀을 꾸렸다.

먼저 현황 파악을 해야 했다. 우리는 형사기동대 차를 타고 형사들과 함께 생활하면서 그들의 활동을 관찰하고 장비도 파악하였다. 일본에 연구진을 파견하여 일본의 수사경찰 시스템 자료도 수집하였다.

수사경찰의 문제점은 범죄는 지능화되고 있는데 경찰은 낡은 장비와 옛날 수사 수법에 매달려 있다는 데 있었다. 수사경찰에 보다 근본적인 과학화, 현대화가 필요했다. 나는 연구 결과를 토대로 다음과 같은 정책을 건의하였다.

첫째, 수사경찰의 자질을 높혀야 한다. 그러기 위해서는 경찰사관학교를 만들어서 체계적으로 과학적 수사 교육을 시켜야 한다. 나는 이것을 강하게 주장하였다. 6·25 전쟁을 초등학교 시절에 경험한 나는 사관학교 출신들의 엄격함과 애국심이 초기 한국군에 대단한 영향을 끼쳤음을 알고 있었기 때문이었다. 사관학교 출신 소위가 부임해오면 군 전체에 퍼지던 긴장감에 대한 이야기를 종종 들어오곤 했다. 나는 사관학교에서는 과학수사 등 경찰 실무와 함께 부패와 타협하지 않고 국가에 대한 충성심을 가르쳐야 한다고 주장하였다. 둘째, 국립과학수사연구소를 격상하고 연구원을 KIST와 같은 출연연구소 수준으로 대우해야 한다. 연구원의 보수를 높이고 심리 분석 등 사회과학적 접근을 위한 연구실도 설치해야 한다고 피력했다. 과학수사는 사람이 하는 것이고 그러기 위해서는 능력 있는 사람이 근무할 수 있는 환경을 만들어주어야 했다. 낮은 봉급으로는 유능한 사람을 유치할 수 없다고 나는 믿었다. 셋째, 현직 형사들의 재교육을 통하여 수사의 과학화를 도모해야 한다. 변화하는 환경에서 형사들의 재교육은 절대적으로 필요하였다. 나는 형사 재교육기관을 만들거나 경찰사관학교에 코스를 따로 만들어서 일선 형사들에게 재교육의 기회를 주어야 한다고 주장하였다. 넷째, 경찰 업무를 기계화해야 한다. 특히 조서 작성 등에 타자기를 도입해야 조서가 일상 언어로 작성될 것이라는 점도 지적하여 관철시켰다.

보고서에는 광역수사대 설치의 필요성과 함께 구체적으로 광역수사대 지역대의 위치와 팀원 수 등도 계산했다. 예산 산정과 일선 경찰서 업무와 광역수사대 업무 분장도 제시했다. 이 연구에도 OR 기법과 시뮬레이션 기법을 사용하였다. 팀의 위치와 팀원 수 산정에는 대기이론을 주로 사용했는데 수식모형과 컴퓨터로 연구 결과를 만들어 냈다.

보고서를 작성한 뒤에는 치안본부장 등 경찰간부에게 여러 차례 보고하면서 강경식 예산실장을 포함하여 경제기획원 예산팀에도 보고하였다. 바야흐로 경찰 현대화가 이루어질 기회가 주어진 것이다. 그러나 10·26 사건 발발로 이 계획은 몇 년을 더 기다려야 했다. 이 보고서는 10·26 이후에 만들어진 국가보위비상대책위원회의 행정개혁 아이디어로 채택되었다. 연구에 참여했던 경정과 경감이 이 위원회에 함께하였고 그들이 주장하여 경찰개혁의 한 방안으로 우리 보고서가 채택되었다는 것을 나중에 알았다. 현재 경찰대학의 뿌리는 당시 경찰사관학교에 대한 아이디어에서 배태되었다. 그 후 경찰대학은 엘리트 경찰의 산실로 경찰의 과학화와 현대화의 토대가 되었다.

경찰사관학교가 아닌 경찰대학으로 이름을 지었기 때문에 정권이 바뀔 때마다 개혁의 대상이 되곤 했다. 가장 대표적인 사례가 김대중 대통령 인수위원회 시절이었다. 당시 인수위원회는 작지만 강력한 정부를 슬로건으로 내세우면서 민간대학에서 할 수 있는 교육기관은 모두 정리했다. 철도, 체신, 세무 등 대학이 모두 정리 대상이었다. 경찰대학도 정리 대상으로 올라왔으나 나는 인수위원회 실행위원으로서 경찰대학은 사관학교라는 것을 알리고 탄생 배경을 설명하여 대상에서 제외시켰다.

그 후 여러 가지 문제점이 나타나면서 초기의 위상이 많이 훼손되기는 했지만 나는 경찰대학이 경찰 현대화, 경찰의 자질 향상, 수사경찰의 현대화에 큰 기여를 했다고 평가한다. 이 연구에서는 윤원호 경감(후에 총경)과 양영규 연구원이 큰 기여를 했다.

8

한국군 군원 규모 결정을 위한 워 게임 팀을 운영하다

그 시절 한국의 방위는 미국의 군원 규모에 달려 있었다. 미국은 지원

규모를 정할 때 주먹구구식으로 정하지 않고 컴퓨터상에서 북한군과의 전쟁 상황을 시뮬레이션한 뒤 그 결과를 지표로 삼았다. 군원 규모를 늘리면 전선이 북상했고 군원 규모를 줄이면 전선이 남하했다. 미국이 원하는 것은 현상 유지였다. 지금의 휴전선에서 균형을 유지하는 것이 미국 군원 결정의 목표인 듯했다. 시뮬레이션을 위해서는 많은 데이터가 필요했고 상당한 고성능의 컴퓨터도 필요했다. 그때 사용한 컴퓨터는 하와이에 있는 태평양사령부 컴퓨터였다. 나는 미국 정부의 초청으로 하와이 호놀룰루 야산에 위치한 미국 태평양사령부를 방문하여 컴퓨터 시설을 볼 수 있는 기회를 얻기도 하였다.

당시 KIST 컴퓨터는 그 규모나 성능이 아주 좋았으므로 KIST 전산시스템개발실에 워 게임 팀을 설치하여 미군의 일을 지원하기로 하였다.

우리는 미군에 획기적인 제안을 하였다. KIST 컴퓨터 성능이 상당한 수준이기 때문에 하와이까지 가서 컴퓨터를 돌릴 필요가 없이 KIST에서 미국에서 돌리던 워 게임 프로그램을 돌리자는 것이었다. 시뮬레이션에 필요한 비용 또한 적게 든다는 사실도 설득의 하나로 작용하였다. 미군은 동의하였고 워 게임 프로그램은 한국에서 한국 주도로 처리하게 되었다. 시뮬레이션을 하는 날에는 컴퓨터실 보안이 강화되었다. 한번 시뮬레이션을 하면 보통 일주일 정도 컴퓨터가 돌아갔다.

한국에서 프로그램을 돌리기 때문에 한국 현실을 반영한 데이터를 이용할 수 있었고 그래서 보다 현실적인 군원 규모가 결정되었을 것이라고 믿었다.

연구는 팀장인 박동순 연구원이 주도하였다. 이 분야는 내가 미국에서 전공한 OR 응용 분야여서 나도 관심을 갖고 도왔다. 한국에서 워 게임 시뮬레이션을 돌린 것을 계기로 컴퓨터 시뮬레이션에 대한 관심이 군 내부에서 높아졌다.

워 게임을 돌린 경험은 고려대학교로 자리를 옮긴 후, 내게 세계 정치경제 시뮬레이션 모델인 글로버스(GLOBUS) 시뮬레이션 모형에 관심을 갖게 했으며 크레이 리서치(Cray Research)의 후원으로 한국을 그 모형에 집어넣어 GLOBUS에 한국을 넣어 분석하는 계기가 되었다.

사료 배합 등 농업 경영에 응용한 OR 기법

내 연구실 소속인 정영근 팀장은 농업 경영관리에 LP 등 OR 기법을 한국 최초로 이용하여 성과를 냈다. 특히 사료 배합에 선형계획기법을 이용하여 최소 비용으로 동물들이 필요로 하는 영양소를 충족해 주는 사료 배합비율을 계산하게 되었다.

제일제당, 대한제당, 대한사료, 한일사료, 동서농산 등이 이 시스템을 이용하였다. 정영근 팀장은 종계 관리 전산화로 양계 산업에 혁신을 가져왔다. '마니커' 등은 그때부터 출품된 제품이었다.

9

공무원 전산 교육과 정부 부처 자문을 하다

나는 연구에 몰두하면서도 공무원을 대상으로 한 강의를 게을리하지 않았다. 중앙공무원교육원, 지방행정연구원, 법무연수원 등에서 정기적으로 컴퓨터 활용 강의를 했는데 강의 내용은 컴퓨터 언어와 과학적 의사결정이었다. 컴퓨터 언어는 베이직(BASIC) 언어를 가르쳤는데 베이직 언어 교육을 통하여 컴퓨터의 운영 원리와 문제점 등을 교육했다. 과학적 의사결정은 OR 과목 가운데서 행정 업무에 쉽게 적용할 수 있는 기법을 강의했다. LP와 PERT, 시뮬레이션이 인기였다.

총무처의 정부전자계산소 자문, 과학기술처의 컴퓨터 도입심의위원회 위원, 감사원 결산검사 시스템 자문, 경제기획원 예산 업무 전산화 등을 자문하였다. 정말 정신없이 일만 했다. KIST 전산시스템개발실장으로 근무하던 이 기간, 나는 매년 과학의 날에 과학기술처 장관상, 국무총리상 등을 수상했다. 그러다가 10·26 사건이 터졌다.

10

연구자, 과학자는 '자유'를 먹고 산다

10·26은 역사적으로 큰 사건이었다. 나는 과학을 연구하는 KIST에는 별 영향이 없을 것으로 보았다. 과학 연구는 정치와는 무관하다는 생

각 때문이었다. 그러나 나의 예상은 빗나갔다. 거센 바람이 홍릉의 연구 단지에 불어닥쳤다. 소문은 흉흉했다. 국방과학연구소의 핵심연구팀이 해체되었다는 소리도 들렸다.

그러던 어느 날 내가 존경하는 천병두 소장의 후임으로 한국과학원(Korea Advanced Institute of Science, KAIS) 교수가 부임해 왔다. KAIS 원장을 겸한 KIST 소장으로 KIST와 KAIS 통합을 위하여 임명된 사람이었다. KIST에서는 통합을 반대하는 분위기가 강했으나 감히 나서서 반대할 용기가 있는 사람은 없었다. 그렇게 해서 박정희를 설립자로 한 KIST는 사라지고 전두환을 새로운 설립자로 하는 한국과학기술원(Korea Advanced Institute of Science and Technology, KAIST)이 탄생했다.

KIST는 대혼란에 빠졌다. KIST 연구실은 KAIS 학과의 연구실로 전락했다고 자조하는 사람도 나타났다. 더 큰 문제는 연구원 사이의 갈등과 의욕 상실이었다. 근거 없는 투서가 난무하고 행정은 방향을 못 잡고 있었다. KIST 설립법에 의하여 보장받았던 연구 독립성과 감사 배제가 사라지고,연구는 과학기술처의 지배를 받기 시작하였으며 감사원 감사도 있었다. 한마디로 자율 연구 시대가 지나가고 있었다.

나는 평소에 연구원은 '자유'를 먹고 산다는 신념을 갖고 있었다. 그래서 내 연구팀에 연구 및 행정의 자유를 최대한 보장하였다. 그 결과 연구실은 엄청나게 커졌고 각종 국가적 과제를 해결할 수 있었다.

그러나 나의 그러한 신념이 깨진 것이다. 나는 이제 내가 그렇게 사랑했던 KIST를 떠날 때가 된 것으로 판단하였다.

마침 고려대학교 행정학과에서 행정학에 OR 과목을 접목한 '관리분석' 교수를 찾는다는 말을 들었다. KIST 이웃에 있는 고려대학교는 서울상대 시절부터 나에게는 친근한 대학이었다. 나와 서울대학교 행정대학원에서부터 잘 알고 지내던 고려대학교 이종범 교수의 권유도 있었다. 그렇게 지원한 후에는 연구 발표회와 학장 총장 면담을 거쳐서 임용이 정해졌다. 1980년 가을 학기의 일이었다.

아직 해결할 일이 있었다. 고려대학교로 이적하려면 이전 직장인 KIST 승인이 필요했던 것이었다. 내가 유학 시절에 KIST로부터 받은 지원금에는 조건이 붙어있었는데 그것은 귀국 후 KIST에서 지원받은 기간의 2배를 KIST에서 근무해야 한다는 조건이었다. 내게는 의무근무 기간이 아직 남아있었다. 내가 받을 퇴직금에서 의무근무기간을 채우지 못한 부분에 해당하는 지원금을 반납하고 나서야 KIST에서 이직할 수 있었다. 이런 행정절차 때문에 당초 1981년 3월에 예정된 고려대학교 임용이 한 학기 늦어져서 나는 1981년 9월 학기에 임용되었다.

11

내가 만난 KIST 시절 소장들

최형섭 소장

최형섭 소장은 한국 과학기술의 기초를 마련한 인물로 KIST 초대 소장을 역임한 뒤 후에 과학기술처 장관이 되었다. KIST 소장 시절 그는 많은 에피소드를 남겼는데 직원들을 강당에 모아놓고 '불 꺼지지 않은 연구실'을 주장한 것이 그중 하나이다. 직원들의 기본 생활은 자신이 보장하겠으니 연구원들은 연구에만 몰두하라고 격려하였다. 최형섭 소장에게는 몇 가지 금기 사항이 있었다. 첫째는 연구원들이 해외유학 가는 것을 금지했다. 이를 허용하면 연구원들이 유학 준비만 한다는 이유에서였다. 둘째, KIST에 대한 일체의 정부간섭과 감사를 배제하였다.

어느 날 점심시간에 최형섭 소장은 내게 일화 하나를 이야기해 주었다. KIST 육성법이 국회를 막 통과한 때였다고 한다. 그는 법에 KIST에 대한 정부감사 조항이 들어있는 것을 발견하였다. 그는 박정희 대통령 면담을 요청하고 KIST에 대한 정부감사 조항을 삭제해 줄 것을 강하게 주장하였다. 대통령은 난색을 표했다. 법이 국회를 막 통과하여 잉크도 마르지 않았는데 어떻게 수정을 요청할 수 있겠느냐고 하면서 직접 국회위원들을 만나서 설득을 해보라고 했다. 최형섭 소장은 그 말에 따라 국회에 가서 의원들을 설득하였다. 국회의원 가운데서 자신의 주장에 크게 동조한 의원이 있었는데 나중에 보니 그 의원이 바로 김대중 의원이었다고 했다. 이렇게 해서 KIST 지원육성법은 정부로부터 일체의 감사를 배제할 수 있었다. 최형섭 소장의 뚝심으로 KIST 연구원들은 독립적으로 연구하게 되었다.

그는 또한 국내에서 석사를 한 연구원들의 박사학위에 대한 열망을 반영하여 고려대학교와 협정을 맺고 KIST 연구원들이 고려대학교에서 박사학위를 받을 수 있는 길을 열어주기도 했다.

천병두 소장

천병두 소장은 뛰어난 리더십의 소유자였다. 그는 10·26 이후 설치된 국가보위비상위원회에 의하여, KIST와 KAIS가 통폐합하기 직전까지 KIST의 마지막 소장이었다.

천병두 소장은 또한 KIST를 새롭게 개혁하려는 의지가 강했던 개혁 소장이기도 했다. 그동안 민간계약연구를 중심으로 운영해 왔던 KIST가 연구비 부족 때문에 연구실별로 고유한 연구를 할 수 없는 현실을 본 그는 새로운 접근을 시도했다. KIST 소장단, 연구부장과 함께 경제기획원 예산실을 방문하여 브리핑을 한 것이다. 예산실은 전례 없이 KIST 소장단을 호의적으로 대했고 그 결과 KIST가 고유 연구를 할 수 있도록 연구 예산을 크게 지원하였다. KIST는 연구업무심의위원회를 중심으로 각 연구실이 제출한 연구 과제를 심사하여 연구비를 배분하였다. KIST가 바뀐 것이다. 그러다가 10·26이 발생하였다. 국가보위비상위원회 등 새로운 세력은 KIST의 연구 성과를 낮게 평가한 것 같았다. 사실 KIST가 정부 돈으로 연구를 하기 시작한 것은 2년 정도의 일로 연구 성과를 측정하기는 이른 때였다. 그러나 새로운 권력은 KIST와 교육기관인 KAIS를 통합하기로 하고 KAIS 교수를 KIST 소장과 KAIS 원장 겸직으로 바꾸며 통합 작업을 강하게 추진하였다. 이 과정에서 천병두 소장은 소장직에서 물러나게 되었다. 조금만 더 시간을 주었다면 KIST는 엄청난 연구 성과를 냈을 것이라고 나는 확신한다. 참으로 아쉽게 생각한다(KIST는 통합 기구인 KAIST로부터 분리하려는 운동을 하였고 김영삼 정부 때 다시 KIST로 독립하여 오늘에 이르고 있다).

천병두 소장은 우리나라 방위산업의 개척자였다. 점심을 함께하던 중 천병두 소장은 내게 다음과 같이 말했다. "국산 소총에 필요한 특수강을 만들어야 했어. 화학분석실을 통하여 미제 소총을 구성하는 재질의 구성하고 배합 비율도 알아냈지. 그래서 원료를 배합 비율대로 넣고 열을 가하여 새로운 특수강을 만들었지만 원하는 재질이 나오지 않는 거야. 문제는 원료를 넣는 순서였어. 그것을 알고 수많은 시행착오를 거쳐서 드디어 성공했지." KIST 재직 시 전산시스템개발실장이었던 내게 천병두 소장은 특별한 관심과 격려를 보내주었다. 지금도 감사한 마음이다.

3

5대 국가전산망

1980년대

1

고려대학교에서 정보화 사회를 대비한 인재 양성에 힘쓰다

고려대학교 법과대학 행정학과 교수 1호봉으로 임명

나는 1968년부터 시작한 KIST 연구 생활을 1980년으로 마감하고 1981년부터는 고려대학교에서 교수로서 새로운 삶을 시작하였다. 1981년 9월이었다.

1981년 당시 고려대학교 총장은 김상협 교수였다. 신임 교수 임명장 수여식에서 한 사람씩 호명하면 소속 대학과 직급 그리고 호봉을 불렀는데 내 이름이 맨 처음 호명되었다. 법과대학이 수석 대학이었기 때문이었다. "안문석, 교수 1호봉, 법과대학 행정학과 근무." 내 나이 37세, 나는 고려대학교 정교수로 임용되었다.

당시 고려대학교 법과대학 행정학과는 법학 중심으로 운영되고 있었다. 헌법, 행정법 등 공법을 가르치는 교수들은 행정학과 소속으로 행정학과와 법학과는 교과목 등에서 큰 차이가 없었다. 당시 대다수 법과대학 학생들은 행정학과보다는 법학과를 선호했고 행정고시보다는 사법고시를 선호하고 있었다.

나는 행정학과 학생들에게 행정학에 대한 프라이드를 심어주는 것이 무엇보다도 중요하다고 생각했다.

교수가 부족한 상태에서 나는 학과에서 필요로 하는 과목을 모두 가르치기로 하고 관리분석, 도시행정, 기획론과 행정학개론을 강의했다. 나는 또한 기존 행정학 관련 강의에 새롭게 행정전산론이라는 과목을 만들어서 강의하였다. 그러다 보니 1981년부터 몇 년간은 일주일에 12시간, 어느 학기에는 15시간을 강의하기도 하였다. 몸은 힘들었으나 정신은 산뜻했다. 일단 교수로 임용하면 강의 등에서 교수에게 절대적 자유와 권리를 주는 것이 고려대학교의 전통이었다. 내가 그토록 바라던 자유가 보장되어 있었다.

나는 모든 강의에서 컴퓨터 언어를 가르쳤다. 수강한 학생 중 몇몇은 나중에 컴퓨터 관련 공기업에 취업하기도 하였다. 학부 강의 못지않게 내가 열성을 갖고 가르친 것은 대학원이었다. 당시 행정학과 대학원에는 군위탁생이 많았다. 나는 열성을 다하여 그들을 가르쳤다.

내가 고대려학교로 옮긴 후 몇 년이 지나서 행정학과는 법과대학에서 정경대학으로 옮겼다. 이를 계기로 행정학이 법 중심에서 정치학과 경제학 그리고 통계학과 신문방송학과 등과 융합하여 사회과학으로 다시 태어나게 되었다. 경제학과 통계, 컴퓨터를 전공한 나에게는 좋은 기회였다. 나는 이를 계기로 내가 평소에 생각하던 일, 정보화 사회의 도래를 학문적으로 준비하고 강의와 연구를 시작하였다.

행정전산론 등 전자정부론 강의 개설

미국 유학 시절, 내 지도 교수인 에이브럼슨 교수는 나를 스탠퍼드 대학교에 두 번에 걸쳐 출장 보내며 스탠퍼드대학교 EES(Engineering Economic System)학과의 교수를 소개해 주었다. EES학과는 경제학도와 공학도를 석박사과정에 받아들여서 융합 연구를 하는 미래지향적 학과였다. 나는 큰 흥미를 느꼈다.

방문 중에 한 교수가 내게 논문을 하나 보여주었는데 〈산업연관표를 이용한 미국 정보 산업 분석〉이라는 제목이었다. 저자는 모셰 포랫 박사(Moshe Porat)로 그가 막 박사학위를 딴 논문이었다. 그는 그 논문에서 미국은 제조업 중심 사회에서 벗어나 정보를 생산하고 유통하여 소비하는 정보 산업이 중심이 되는 사회, 즉 정보화 사회로 1970년대 초반에 들어섰다고 주장하면서 미국 산업연관표를 사용하여 자기 주장을 증명하였다.

귀국 후 나는 한국의 산업연관표를 이용하여 포랫 박사의 정보 산업 분류를 한국에 적용해서 학회에서 발표하고 논문으로도 발표하였다. 그 당시 한국의 정보 산업이 전체 산업에서 차지하는 비중은 12퍼센트 정도였다. 나는 미국 등 선진국의 사례를 보면, 한국도 정보 산업이 주류를 이루는 정보화 사회가 반드시 도래할 것이라고 학회 등에서 주장하였다.

내가 고려대학교에서 강의한 행정전산론은 후에 정보체계론으로 과목 이름이 바뀌었다. 나는 그 과목에서 학생들에게 미래에 도래할 정보화 사회와 컴퓨터 언어를 가르치면서 실습 과제도 부과하였다. 수강한 학생 가운데 몇 명은 한국전산원 등에 취직하기도 하였다.

고려대학교 대학원에서 컴퓨터 언어를 제2외국어로 채택

나는 행정학과 강의에서, 특히 관리분석과 행정전산론 강의에서 포트란과 코볼 등 컴퓨터 고급 언어를 포함시키고 실습까지 시켰다.

당시 대학원 학생들이 박사학위 심사 논문을 제출하려면 종합 고사를 보아야 했고, 종합 고사를 보기 위해서는 독일어, 프랑스어, 스페인어, 중국어 등의 제2외국어 시험을 합격해야 했다. 이들 제2외국어를 공부하여 합격하는 것은 여간 어려운 일이 아니었다. 당시 나는 대학원 인문사회 교학부장을 맡고 있었다. 나는 대학원 교무회의에서 미래는 사람과의 대화도 중요하지만 컴퓨터와의 대화도 중요하기 때문에 컴퓨터와 대화를 할 수 있는 컴퓨터 언어를 선택하여 시험에 합격한 학생에게는 제2외국어를 면제해야 한다고 주장하였다. 내 아이디어는 논의 끝에 채택되었다.

포트란과 코볼 같은 고급 언어는 배우기도 쉽고 시험에 통과하기도 비교적 쉬웠다. 이 조치로 대학원 학생들 사이에는 컴퓨터 언어 공부 붐이 일었고 대학 내에 컴퓨터 마인드가 널리 확산되었다.

5급공무원의 1차 필수과목이 된 정보체계론

KIST 시절 내 연구실에서 위촉 연구원으로 우리를 도와준 어느 박사

한국 최초의 《정보체계론》(1989) 초판

와 사석에서 이야기를 나눌 기회가 있었다. 당시 그는 청와대 경제수석실 비서관으로 일하고 있었다. 그는 내게 물어왔다. "공무원의 컴퓨터에 대한 인식이 전산화에 대단히 중요한데, 이 문제를 해결할 수 있는 방법이 있을까요?" 나는 지나가는 말처럼 말했다. "고시 과목에 컴퓨터 관련 과목을 넣으세요."

얼마 후 정부에서 새로운 고시 과목 발표가 있었다. 5급 공채에는 정보체계론을, 7급과 9급 시험에는 전산개론을 1차 필수과목으로 한다는 발표였다.

나는 나의 행정전산론 강의안과 KIST 시절 출판한 컴퓨터 기초 등을 토대로《정보체계론》을 저술하였다. 서울대학교 행정대학원 방석현 교수도《정보체계론》을 출판하였다. 이 두 책은 고시 준비생의 필독서가 되었다.

정보체계론을 어느 학과에서 가르쳐야 하느냐가 문제가 되었다. 경영학과에서는 정보체계론은 경영정보시스템(Management Information System, MIS)과 비슷하니 경영학과 과목이 되어야 한다고 주장하였다. 나는 이들 주장에 대해서 아주 간단히 대답하였다. "이 과목을 행정학과에서 가르쳐야 합니다. 왜냐하면 MIS와 PMIS(Public MIS)는 다르기 때문입니다." 그 당시 나의 주장에 큰 도움을 준 것은 미국행정학회보에 실린 논문 한 편이었다. 시러큐스대학교의 배리 보즈만(Barry Bozman) 교수와 스튜어트 브레트슈나이더(Stuart Bretscheider) 교수가 공저로 미국행정학회 저널에 발표한 그 논문은 경영학의 MIS와 행정학의 PMIS는 본질적으로 다르다는 것을 핵심적으로 다루었다. 나는 내 교과서에 이들의 논문을 실었고 한국에 소개하였다.

그렇게 해서 정보체계론은 행정학과 과목이 되었다. 나를 도와준 브레트슈나이더 교수는 나의 평생 벗이 되었다.

정보화 사회 대비 공무원 재교육의 필요성에 주목

고려대학교에는 야간에 강의를 하는 특수대학원이 있다. 이것은 직장에 다니는 사람들에게 재교육의 기회를 주자는 의도로 만들어진 대학원이었다. 정경대학에는 정책과학대학원(후에 정책대학원으로 개명)이 있었는데 정경대학 각 학과가 전공을 하나씩 제공하였다. 행정학과 소속으로는 도시행정전공 등이 있었다.

당시 감사원 정책자문위원을 맡았던 나는 정책대학원에 감사행정 전공을 신설하자는 안을 냈고 이 안이 받아들여져서 감사행정 전공이 설치되고 내가 담당 주임교수가 되었다. 감사행정에서는 전산감사 전공을 두고 전산감사 인재를 양성하였다. 공무원 재교육이 미래 교육의 한 축이 될 것이라는 사실을 바탕으로 나는 이들을 정성을 다해서 지도했다. 정책대학원에서 석사학위를 하고 일반대학원에서 박사학위 과정에 입학하여 박사학위를 딴 사람도 나왔다.

나는 외국에서 석사학위를 받은 공무원들을 대상으로 박사학위 과정을 설치할 필요성을 느꼈다. 그때 정부는 공무원의 해외 교육을 권장하여 많은 엘리트 공무원들이 외국의 좋은 대학에서 석사학위를 받고 귀국하였다. 그중 박사학위를 하고 싶어 하는 사람도 있었지만 기회가 없었다.

나는 이들에게 기회를 주는 것이 국가를 위해 좋은 일이라는 생각에서 이들을 위하여 행정학과 박사과정에 정책학 과정을 신설하고 재교육을 받을 수 있도록 도왔다.

많은 학생들이 이 제도의 혜택을 받았다. 이 제도를 통하여 박사학위를 받은 학생들이 배출되었다. 하복동, 노옥섭, 정강정, 반장식, 최대용, 박남훈, 이승재 박사 등이 이때 학위를 한 박사들이다. 이들은 모두 고위 공직자로, 고려대학교에서 배운 전자정부 지식을 실무에 적용하여 많은 업적을 냈다.

군에서도 재교육에 눈을 떠서 많은 유능한 지휘관을 배출하였다. 군 위탁교육에서 나에게서 석사학위를 받고, 박사학위까지 취득한 지휘관도 나왔다. 김상기 박사(전 육군참모총장), 김종선 박사, 장옥상 박사 등이 대표적인 인물들이다.

2

한국이 네트워크 중심 시대로 넘어가다

1980년대 한국의 행정 전산화는 새로운 시대를 맞이하고 있었다. 전산망조정위원회가 대통령 소속으로 만들어졌고 5대 국가기간전산망 계획이 수립되었다. 강력한 행정력으로 5대 국가기간전산망 정책이 시행되었다. 이 정책은 공공기관에 속하는 모든 컴퓨터 센터를 5개의 전산망으로 흡수 통합하는 획기적인 정책이었다. 5대 국가기간전산망은 일반행정망, 국방망, 공안망, 교육연구망, 금융망이었다.

이 가운데서 일반행정망은 내가 연구책임자로 수행했던 충북 행정 전산화 시범운영의 경험이 큰 도움을 주었다.

기술적으로도 어려운 일이었지만 가장 큰 문제는 부처 간 칸막이를 없애서 전산 자원을 연결하고 공유토록 하는 일이었다. 이 난제를 풀기 위하여 정부는 대통령 비서실장을 위원장으로, 각 부 차관과 민간인 몇 명을 위원으로 하는 전산망조정위원회를 운영하였다. 이 과정에서 KIST 내 연구실에서 위촉연구원으로 우리 연구를 많이 도와준 홍성원 비서관이 큰 역할을 하였다.

3

규제개혁에 관심을 갖고 연구와 강의를 시작하다

충북 행정 전산화 사업의 경험으로 전자정부는 규제개혁이 성공의 조건이라는 것을 실감한 나는 전국경제인 연합회 부탁으로 준조세의 문제점을 분석하고 이의 폐지를 주장하였다. 나는 준조세를 학문적으로 정의하고 이것의 장점과 단점을 연구, 정리하여 책자로 출판하였다.

권위주의 정부에서는 어떤 정책을 시행할 때, 민간의 협찬을 받곤 했다. 문제는 기업의 입장에서 정부나 정당의 요청을 거절할 수 없는 상황이었기 때문에 민간이 부담하는 부분은 조세와 같은 특징을 띤다는 데 있었다. 나는 이것을 준조세라는 개념으로 정의하였다. 준조세는 단점이 많은 그림자 규제로 정경유착, 부패의 고리를 형성하고 있었다.

나는 이 문제를 근원적으로 해결하기 위해서는 모든 거래를 투명하게 기록하고 관리해야 한다고 주장하였다. 전자정부 구축이 이를 가능하게 할 것이라는 전망이었다. 나는 정보화 사회의 규제개혁은 전자정부의 구현을 통하여 이룰 수 있다는 확신을 갖고 있었다.

그 시기에 금융실명제가 정책으로 급부상하였다. 강경식 재무부 장관이 이 정책을 들고 나왔다. 강경식 장관은 예산 업무 EDPS화 연구와 충북 행정 전산화 시범사업 등을 통하여 컴퓨터 활용에 대하여 잘 알고 있었다.

그는 한국의 컴퓨터 활용 실력이라면 기술적인 면에서 금융실명제를 실시해도 될 것이라고 생각했다. 성기수 박사와의 대화를 통하여 우리나라 컴퓨터 활용 실력을 믿게 된 것이다.

4

전자교환기 개발의 성공이 전자정부 구축을 이끌다

나는 한국에서의 전자정부는 1980년대 초에 디지털 전화 혁명이 성공적으로 이루어졌기 때문에 가능했다고 본다. 1970년대 말부터 개발을 시작한 전자교환기가 국내 기술진에 의하여 성공적으로 개발된 것은 1980년대 초이다. 국산 전자교환기가 보급되자 우리나라에서 전화기를 설치하는 것이 쉬워졌다. 1970년대 말까지는 그렇게 설치하기 힘들었던 전화기를 하숙생 방에도 설치할 수 있게 되었다. 통신혁명이 일어난 것이다. 5대 국가기간전산망 정책은 이런 통신혁명의 성공이 있어서 추진이 가능했다.

1970년대까지는 KIST 전산실을 센터로 하는 스타 네트워크가 지배하고 있었다. 그사이 네트워크 공유기술은 시분할다중화(Time Division Multiplexing, TDM) 방식을 거쳐서 패킷망 방식으로 진화하고 있었다. 1980년대가 되면서 ARPA(Advanced Research Project Agency) 네트워크에서 선보인 패킷망도 상용화하여 인터넷 시대가 시작되고 있었다.

1980년대 등장한 PC는 네트워크의 노드 기능을 하였으며 네트워크 중심의 정보화를 촉진하는 촉매제 역할을 하였다.

정부 정책의 축도 네트워크로 전환되고 있었다. 가장 큰 이슈는 고속데이터망을 전국에 구축하는 일이었다. 데이터 고속도로 건설을 많은 선진국에서 경쟁적으로 추진하고 있던 당시 우리나라는 이 경쟁에서 조금 뒤처져 있었다.

나는 데이터 통신망의 핵심이 패킷망이라는 것을 미국 유학 시절부터 알고 귀국하자마자 전자공학지에 패킷망에 대한 소개 논문을 실었다. 나의 그 논문은 한국에 패킷망을 소개한 최초의 논문이었다.

1980년대가 되면서 ARPA의 패킷망이 민영화되고, 인터넷이 등장하면서 인기를 끌기 시작하였다. 컴퓨터 세계에 새로운 패러다임이 나타난 것이다.

나는 인터넷의 기본 기능인 텔넷(telnet), 메일(mail), ftp 기능을 대학 강의에서 소개하였다. 이들 기능은 내가 에이브럼슨 교수 밑에서 연구할 때 이미 익숙해진 기능들이었다.

당시 나는 고려대학교 내 연구실에서 텔넷 기능을 활용하여 스탠퍼드대학교의 컴퓨터를 사용했고 미국 중요 대학의 도서 정보를 찾아서 논문 작성에 이용하기도 하였다.

1980년대 초, 전자교환기의 국산화 성공은 새로운 세상을 촉발하고 있었다. 이때 나는 새로운 세상은 첨단기술이 밀고 새로운 수요가 이끌면서 진화한다는 것을 보았다. 새로운 전자정부 시대가 도래하고 있음을 예감한 것이다.

5

금융실명제가 전격적으로 대두되다

그때 국회 등에서는 금융실명제가 한국에서 가능한지를 두고 논의가 한창이었다. 여야를 막론하고 정치인 대다수가 금융실명제에 반대하고 있었다. 이 제도를 들고 나온 강경식 장관의 입장이 난처해진 상황이 되어가고 있었다.

여당인 민정당 국장이었던 서울상대 선배가 내게 전화를 해서 물었다. "안 교수, 금융실명제 문제로 당에서 컴퓨터 전문가를 불러서 의견을 들었는데 대부분의 사람이 우리나라 컴퓨터 처리 기술이 아직은 금융실명제를 할 만큼 발달하지 않았다고 하네. 그런데 성기수 박사는 가능하다고 하는데 누구 말이 맞나?"

나는 대답하였다. "같은 병이라도 일류 의사에게 가면 치료가 가능하다고 하고 삼류 의사에 가면 치료를 못 하지요. 컴퓨터도 마찬가지입니다. 성기수 박사는 일류 의사이고 다른 사람은 삼류 의사인 모양입니다." 그는 내 말에서 답을 얻은 모양이있다.

그 후 컴퓨터 때문에 금융실명제를 할 수 없다는 말은 더 이상 나오지 않았으며 금융실명제 입법을 하되 시행은 무기한 연기하는 수준에서 타협이 이루어졌다.

금융실명제는 김영삼 대통령 시기에 전격적으로 시행되었다.

6

감사원 정책자문위원으로 감사원 전산화와 개혁을 돕다

1980년 고려대학교로 이직하기 직전 KIST 전산실에 근무하면서 감사원 결산감사시스템을 개발하고 감사원에 터미널을 설치하고 있을 때, 케냐 나이로비에서 세계감사원장회의(International Organization of Supreme Audit Institutions, INTOSAI)가 열렸다. 정부에서는 동홍욱 감사원 사무총장, 한영환 중앙대학교 교수, 감사원 국장과 나를 대표단으로 회의에 파견하였다. 나는 한국감사원의 컴퓨터 이용을 소개하였고 우리 대표단은 세계감사위원장회의를 한국에 유치하기 위하여 노력하였다.

이런 인연으로 1980년대 나는 감사원 정책자문위원을 계속했다. 이 시절, 감사원이 법규 중심의 감사를 지양하고 변화하는 세상에 맞는 새로운 감사 체계를 개발해야 한다는 것을 회의 때마다 강조하였다. 새로 부임한 사무총장은 내 말에 동의하여 피감사기관에 대한 교육을 위한 감사교육원을 설치하였다. 그리고 감사원의 분위기도 야단만 치던 종전의 기조에서 잘한 일을 찾아서 표창하는 방향으로 바뀌었다. 상당히 바람직한 변화였다고 지금도 생각한다. 나는 감사원이 개혁적이어야 개혁이 성공한다고 확신했다.

나의 감사원 정책자문위원 일은 김영삼 대통령 시기 이회창 감사원장까지 이어졌다. 이회창 원장 시절, 나는 회계 검사와 공무원 비위 감찰 중심의 감사원 기능을 정책 결정 과정의 타당성과 합리성도 따지는 방향으로 감사 방향을 바꾸는 개혁에 참여하였다. 감사원의 '정책감사', '성과감사'는 이렇게 시작되었다.

7

한국 최초로 슈퍼컴퓨터 도입을 추진하다

고려대학교로 자리를 옮겼지만 KIST 전산실에는 위촉연구원으로 주기적으로 나가서 성기수 박사와 연구원들을 도왔다.

내가 KIST 시절에 함께했던 성기수 박사는 세상을 다른 사람보다 10년 이상을 먼저 사는 사람이었다.

1980년대 초부터 성기수 박사는 슈퍼컴퓨터 도입의 필요성을 강조하고 슈퍼컴퓨터의 성능에 대하여 기회가 있을 때마다 말해왔다. 그러나 전투기 한 대 값을 능가하는 슈퍼컴퓨터를 도입한다는 것은 당시로는 거의 불가능해 보였다. 그러나 성기수 박사는 그 꿈을 이루기 위하여 계속 노력하였다.

성기수 박사는 나에게 슈퍼컴퓨터 도입의 경제성 분석을 부탁했다. 나는 외국에서 이미 슈퍼컴퓨터를 이용하고 있는 분야를 선정하여 시뮬레이션 기법을 통해 우리나라에서 그 분야에 슈퍼컴퓨터를 이용할 때 나타나는 B/C(Benefit/Cost) 분석을 계산하였다. 여러 분야가 있었으나 기상예측 한 분야만 고려해도 슈퍼컴퓨터 도입 시 경제성은 충분하였다.

이 보고서를 갖고 성기수 박사와 함께 당시 이진설 경제기획원 예산실장을 방문하였다. 한국이 선진국이 되려면 반드시 슈퍼컴퓨터가 있어야 하고 기상예측 분야 하나만 보아도 경제성이 충분하다는 우리 말에 이진설 실장은 고개를 끄덕였다. 설득이 된 것 같았다. 그는 "돈이 얼마나 드나요?"라고 물었다. "2,000만 달러 정도입니다. 최신 전투기 한 대 값이지요." 성기수 박사가 말을 마치자마자 그는 서류를 덮더니 한마디 했다. "돈이 없습니다." 그것으로 슈퍼컴퓨터 도입 논의는 끝난 듯했다.

그러나 꿈은 이루어지는 것이고 기적은 일어나는 법이다. 기회는 생각보다 빨리 찾아왔다.

1980년대 중엽을 지나자 시장경제 위주의 경제 정책으로 한국경제는 위기를 벗어났고 대미 무역이 사상 최초로 흑자로 전환되었다. 이 흑자를 줄이도록 노력하라고 미국에서 한국 정부에 압력을 넣었기 때문에 한국은 미국 물건을 사주어야 했다. 그 구매 목록에 슈퍼컴퓨터가 들어갔다. 슈퍼컴퓨터 구매는 한국의 기업이나 산업에 당장 영향을 주지도 않고 금액이 컸기 때문이었다.

그렇게 해서 슈퍼컴퓨터 도입은 정부에서 승인을 받았다. 한국 최초로 슈퍼컴퓨터가 KIST에 설치되었다. 나는 자문위원으로 도입 과정에 참여하였다.

8

한국전산원을 자문하다

한국의 정보화와 전자정부에 대한 노력에서 한국전산원(National Information Society Agency, NIA)의 역할을 뺄 수는 없다. 현재 한국지능정보사회원의 모체인 NIA는 1980년대의 대표적인 정책인 5대국가기간전산망 구축 정책과 긴밀히 관련된다.

5대 국가전산망 구축 정책은 몇 가지 획기적인 수단을 갖고 있었다. 첫째, 소프트웨어 개발은 민간 위탁을 한다. 둘째, 민간의 소프트웨어 개발을 감리하기 위하여 NIA를 설립한다. 셋째, 필요한 자금은 기금을 형성하여 마련하고 기금을 관리하기 위하여 조직을 만든다. 넷째, 선개발 후정산 제도를 도입, 먼저 소프트웨어 등을 민간기업이 개발하고 소요 부처가 만족하고 승인을 하면 정부 예산으로 정산한다. 다섯째, 부처 간 업무 조정을 위하여 대통령 직속으로 전산망조정위원회를 설치한다.

NIA의 역할은 대단히 중요하였다. 초대 원장으로는 김성진 박사가 임명되었는데 장관급 원장이 임명된 것이다. NIA의 위상은 그만큼 높았다.

개발에 참여하는 대표적인 기업으로 데이컴이 등장하였다. 데이컴의 개발 과정과 회계 처리 등을 감리하는 대규모 감리팀이 만들어졌고 나는 그 일원으로 참여하였다.

이런 연유로 그 후에 나는 NIA의 자문위원을 거쳐서 비상근이사를 오랫동안 맡았다. 이사장을 원장이 겸임하는 제도가 도입된 후 나는 수석 선임이사로 실질적인 이사장 역할을 하기도 하였다.

NIA와의 인연은 그 후 내가 김대중 대통령 시기 전자정부특별위원장으로 위촉되었을 때, 서삼영 전산원장이 위원 및 실무위원장으로 임명되면서 더욱더 돈독해졌다. NIA의 기술 지원과 감리 지원이 있었기에 전자정부 11대 사업이 성공할 수 있었다.

9

한국미래학회를 창설하여 미래 연구를 시작하다

한국미래학회의 미래예측

내가 고려대학교로 옮긴 1980년대 초는 극도로 혼란스러운 시기였다. 박정희 대통령 시기 정부 주도의 톱다운식 개발 정책은 한계를 보였다. 강경식, 김재익 등 시장주도론자들이 정책 결정에 참여하면서 경제는 안정을 찾아갔다. 이 둘과는 컴퓨터 이용을 매개로 자주 만났고 친하게 지냈다. 그러나 정치는 권위주의에서 벗어나지 못했고 사회는 분열되어 있었다. 한국의 미래는 몹시 불확실해 보였다.

미래를 연구하는 모임의 필요에 따라 한국미래학회가 발족되었다. 이한빈 교수가 초대 회장으로 추대되었고 내가 연구담당이사, 기우식 박사가 총무이사, 서정욱 박사가 기획이사를 맡았다.

한국미래학회 발족 전인 1960년대에도 21세기를 연구하는 미래 모임이 있었다. 이름은 한국미래학회였지만 법인 등록을 하지 않은 단체였다. 미국 등에서 공부하고 돌아온 첨단 지식인들을 회원으로 한, 한마디로 한국을 대표하는 지식인 집단이었다. 당시 서울대학교 행정대학원장으로 있던 이한빈 교수가 간사 일을 맡았다. 나는 학교 조교로 이한빈 교수를 도와서 세미나 준비 등 행정 일을 도왔던 경험이 있어 한국미래학회일에 쉽게 익숙해졌다.

미팅 장소는 수유리에 있는 아카데미 하우스였다. 발표와 토론의 수준이 높았다. 나는 연구담당이사로서 이 일을 맡아서 회의를 주관했다.

나는 한국의 미래를 예견하는 연구를 하고 싶었다. 그래서 미래학회 회원과 한국을 대표하는 학자들을 패널리스트로 하여 전문가 중심의 미래예측 방법인 델파이 방법으로 미래예측을 하기로 하였다. 나는 연구책임자로 반년에 걸친 연구 끝에 미래예측 연구보고서를 출간하였다. 2024년에 보아도 놀랄 만한 미래가 상당히 정확히 예측되어 있다.

1980년대에 본 2000년대 한국의 미래 가운데서 몇 가지만 들어보겠다.

- 여성이 대통령이 된다 – 2015년
- 종이 신문이 사라진다 – 2021년
- 정치 성향의 데모가 학원에서 사라진다 – 2013년
- 정보산업이 젊은이에게 가장 인기 있는 산업이 된다 – 2011년
- 무인 자동진료 시설이 생긴다 – 2019년

이 연구보고서는 지금 봐도 놀랄 정도로 2020년대의 한국을 잘 예견하고 있다. 나는 이 미래예측 연구보고서를 통하여 한국이 급속히 정보화 사회로 변환할 것이라는 확신을 가졌다.

한국미래학회에는 이한빈, 권태완, 성기수, 권태준, 오명, 최정호, 전정구, 기우식, 서정욱 등 당시 한국을 대표하는 지식인들의 적극적인 참여가 있었다.

나는 이한빈 교수를 도와서 연구와 토론을 활성화하였다. 내 일생에서 가장 신나게 일을 한 시간이 아니었나 한다.

10

1980년대 함께한 인물들

전두환

그를 처음 만난 것은 1980년 그가 대통령으로 KIST 전산실을 방문했을 때였다. 마침 나는 인공위성 데이터와 컴퓨터를 이용하여 농작

물 작황 예보와 서해안 간척가능지역 탐사 등 연구를 했고 성과를 내고 있었다. 나는 전산실 앞에서 그에게 인공위성을 이용한 원격탐사(remote sensing) 기술의 응용과 그동안의 성과에 대하여 브리핑했다. 그날 나와 친분이 있던 김재익 박사가 그 옆에서 수행하고 있었다. 브리핑이 끝나고 차 마시는 시간에 그는 자신이 사단장 시설에서 어떻게 땅굴을 발견했는지를 자세히 설명하고 원격탐사의 중요성을 강조하였다. 또한 컴퓨터 활용에 대하여 많은 관심을 갖고 5대 국가기간전산망 정책을 성안하고 강력하게 추진하였다.

나는 전두환 정부 시절 주변의 전산화 전문가들과 쌓은 친교를 통하여 5대 국가기간전산망 정책을 도왔다.

홍성원 박사

홍성원 박사는 육군사관학교 출신으로 미국에서 박사학위를 받았다. 그는 미국에서 귀국한 후 내가 전산시스템개발실장으로 있을 때 위촉연구원으로 우리 연구실의 연구를 도왔는데 서울시의 지적 전산화(종로구청 시범운영), 충북 행정 전산화 시범운영 등에서 집행책임자인 신동필 팀장과 일했다.

후에 전두환 정부의 청와대에 입성하여 과학비서관 등을 역임하면서 1980년대 우리나라 전자정부와 과학기술 정책을 이끈 한편 전산망조정위원회의 실질적인 간사로 큰 업적을 남겼다.

이용태 박사

이용태 박사는 초창기 KIST 전산실 차장으로 부임해 오면서 나와 인연을 맺었다. 내가 미국에서 귀국하여 전산시스템개발실장으로 일할 때 이용태 박사는 전자통신연구소 소장으로 이직하였다. 컴퓨터 국산화에 관심이 많았던 그는 데이컴을 만들어서 한때 한국의 컴퓨터 시장을 석권하기도 하였다. 5대 국가기간전산망 시기, 데이컴은 일반행정망의 개발기관이 되어서 한국전산원 감리하에 많은 프로그램을 개발하였다. 아이디어가 많고 민간시장 중심의 전산화를 주창하였으며 한국 정보화의 한 축을 이끌었던 인물이었다.

정홍식 과장

정홍식 과장(후에 정보통신부 차관)은 전산망조정위원회 간사 일을 맡고 있었다. 그는 젊은 교수들 중심으로 컴퓨터도입심의위원회를 구성하여 일하였다. 당시는 특정 미국 회사의 메인프레임 컴퓨터가 한국을 비롯하여 전 세계 시장을 석권하고 있었다. 그들은 표준계약서라고 해서 한 글자도 고치지 못하도록 하였다.

어느 날 정홍식 과장이 컴퓨터도입심의위원회에서 제안하였다. "이 회사의 도입계획서와 계약서를 보면, 지나치게 일방적입니다. 이번 기회에 그 컴퓨터 회사의 콧대를 꺾어서 한국 현실을 반영한 계약서를 만듭시다." 그러면서도 한편으로는 도입심의위원회에서 부결을 하거나 계약서 수정 지시를 해도 미국 본토에서 회장이 직접 날아와서 VIP 등 여러 사람을 만나고 나면 계약서 수정 지시가 없던 것으로 될 우려가 있다고 걱정을 표했다. 그는 위원들이 동의해 준다면 이번에는 자신이 그것을 막겠다고 말하였다. 위원회는 특정 회사의 컴퓨터 도입을 한 달 이상 보류하였는데 드디어 그 회사에서 연락이 왔다. 계약서 수정에 동의한다는 것이었다.

우리의 승리였다. 이 역사적인 사건 이후로 컴퓨터를 도입할 때 계약서 수정이 가능해졌다. 지금 생각하면 정홍식 과장의 애국심과 뚝심이 대단했던 것 같다. 전산망조정위원회 시절 홍성원 비서관, 오명 박사를 도와서 많은 일을 한 정홍식 과장은 그후 정보통신부 차관까지 역임하였다.

4

쇄신의 시기

1990년대

1

권위주의와 민주화의 기로에 서다

1980년대가 저물고 1990년대가 시작되었다. 노태우 정권은 혼란스러웠다. 형식적으로는 권위주의를 탈피하여 민주화를 지향하고 있었으나 내부적으로는 권위주의 기득권이 자리를 차지하고 있었고 그동안 억압되었던 민간 부문의 목소리가 터져나와 사회는 혼란스러웠다. 나는 한국이 기로에 서있다고 보았다.

서울대학교 행정대학원 졸업 때 내가 쓴 석사논문은 권위주의 정부로 시작한 정부가 경제사회 발전에 따라서 어떻게 진화, 변화하는지를 체계적으로 분석한 논문이었다. 〈한국정치체계의 연구방법론—도식적 유형화의 한 시도〉라는 이 논문은 우수논문상을 받고 교수논문집인 《행정논총》(1967. 9)에 실렸다. 나는 이 논문에서 권위주의 정권은 경제사회의 발전에 따라서 무너질 것이지만 바로 민주화가 고착되는 것이 아니고 몇 차례 권위주의로의 회귀와 민주화를 반복하면서 발전할 것이라는 것을 논리적으로 도출하였다.

1990년대 초, 내 논문에 의하면 다음 사이클은 다시 권위주의 정부가 들어설 가능성이 다분히 있었다. 여소야대 국회로 정부의 정책은 집행이 어려웠다. 공무원들은 몸을 사렸고 책임을 지고 행정을 하는 분위기는 찾기 힘들었다. 공무원 부정부패가 다시 문제가 되기 시작하였고 신문은 그것을 '한국병'이라고 불렀다.

이런 시기, 김영삼 정부가 들어섰다. 김영삼 정부는 권위주의로 회귀하거나 문민화를 통해 민주화하는 길 가운데서 하나를 선택해야 했다. 다행히 김영삼 정부는 문민화를 선택하였다.

김영삼 정부는 문민화의 수단으로 행정쇄신위원회를 설치하고 운영하였다. 위원을 모두 민간인으로 하고 위원장에는 서울대학교 행정대학원의 박동서 교수를 임명하였다.

당시 나는 고려대학교 행정학과 교수로 자리를 잡아가고 있었다. 고려대학교의 문화, '한번 고대인은 영원한 고대인'이라는 특유의 대학 문화에 나는 심취했다. 그리고 고마워했다.

고려대학교 교수가 된 이후 10여 년간, 나는 강의와 연구를 통하여 정보화 마인드 확산과 정보화 사회 구축에 노력하였다. 과학기술처의 컴퓨터도입심의위원으로 컴퓨터 정책에 깊이 간여했고 경제기획원, 감사원, 내무부, 총무처 등의 정책자문위원으로 부처 '전산화'를 자문했다.

1990년대 김영삼 정부부터 '정보화'라는 용어가 사용되기 시작하였다. 1980년대부터는 '전산화'라는 용어가, 그전까지는 'EDPS화'라는 용어가 사용되었다.

2

행정쇄신위원으로 행정개혁을 돕다

새로운 세상은 첨단기술이 밀고 새로운 거버넌스가 이끌어주어야 뿌리를 내린다고 나는 확신하고 있었다. 첨단기술은 정보화 기술이었고 새로운 거버넌스는 민간 중심의 정책 결정 및 행정 문화의 정착이었다. 전자정부는 국민 중심, 시장 중심의 거버넌스가 자리를 잡아야 성공할 수 있다고 나는 믿었다.

문민화는 나의 철학과 맞았다. 문민화가 성공하려면 권위주의적인 톱다운식의 행정에서 벗어나야 했다. 김영삼 대통령의 문민화가 성공해야만 한국의 정치가 한 단계 도약하고 정치의 민주화가 뿌리를 내릴 수 있다고 나는 생각하였다. 김영삼 대통령은 스스로 자신의 재산을 공개하고 시행을 연기해 왔던 금융실명제를 실시하는 등 한국병을 치유하려는 노력을 보였다.

그 무렵 나는 행정쇄신실무위원으로 위촉되었다. 대통령 소속 행정쇄신위원회는 김영삼 정부의 행정쇄신과 국가개혁을 담당하는 위원회였다.

행정쇄신실무위원회는 총리실 행정조정실장이 위원장이고 민간위원 열 명과 정부위원 열 명으로 구성되었다. 정부위원은 각 부처의 차관보급 공무원이었다. 실무위원회에서 검토한 쇄신안은 본 회의에 넘겨 결의를 거치면 대통령에게 즉시 보고하고 결재를 거쳐서 실행에 옮겼다.

박동서 행정쇄신위원회 위원장은 위원회에서 결정된 쇄신안을 들고 대통령을 만나서 보고하고 대통령은 그 자리에서 결재했다. 김영삼 대통령의 신뢰가 대단했음을 알 수 있다.

실무위원회 위원들 역시 쇄신에 대한 열의가 대단했다. 매주 미팅은 오후 2시에 시작하면 밤 10시 이후까지 논의가 이어지곤 하였다.

실무위원장인 총리실 행정조정실장이 회의를 주관하였는데 끝장토론으로 너무 길어지면 중간에 민간위원에게 사회를 맡기고 자리를 떠났다. 나중에는 대부분 회의의 사회를 민간위원에 맡겼다. 나는 그들이 좋아하는 단골 대행 위원장이었다. 아마 내가 교수로서 회의를 원활하게 이끌고 중립적으로 공무원들을 대했기 때문이었을 것이다. 위원장을 대행하여 회의를 진행할 때 나는 쇄신안에 반대 의견을 갖는 사람들에게 더 많은 발언권을 주어 쇄신안이 초래할 부작용을 예견하고 방지책을 마련하도록 하였다.

민간으로부터 쇄신 안건이 쏟아져 들어왔다. 그것을 선별하고 관련 부처와 담당 공무원을 특정하고 그들의 의견을 미리 받아서 회의 자료를 만드는 일은 어려운 일이었을 것이다. 김덕봉 관리관이 위원회의 행정을 맡았다. 여러 과장 가운데서 최대용 과장과 곽인섭 과장이 열심이었던 것이 기억난다. 안건 채택부터 심의 그리고 권고안 작성까지 모두 민간위원 중심으로 이루어졌다. 행정쇄신위원회 사무국 직원들은 그 힘든 일을 아주 잘 수행하였다.

실무위원회에서 검토를 마친 쇄신안은 본회의에 보내졌고 본회의 결의를 거쳐서 대통령에게 보고되었다. 이 모든 과정이 거의 실시간으로 이루어졌다.

안건 조정은 주로 관련 부처의 공무원을 대상으로 했는데 쇄신안은 관련 부처의 규제나 관행을 없애는 것이었다. 이들의 업무를 조정하여 국민이나 기업 입장에서 일하는 데 걸림돌이 되는 것을 제거하는 과정은 언제나 힘들었다. 조정 과정에서 필요하면 민간인 이해관계자를 참고인으로 불러서 이야기를 들었다.

내가 적극적으로 참여하여 통과시킨, 지금도 기억나는 쇄신 안건은 다음과 같다.

먼저, 막걸리 등 토속주의 알코올 도수를 자유화하고 지역독점 지위를 제거했다. 당시 막걸리 등 토속주는 일정한 도수 이상은 만들지 못하게 하는 규정이 있었다. 이 규정 때문에 도수 높은 술을 좋아하는 사람들은 외국산 양주를 선호했다. 이 도수 제한 규정을 제거해야 했다. 또 이들 주류는 일정한 지역을 정하여 특정 기업에 독점권을 부여하고 있었다. 허가받은 기업과 정치권의 유착도 문제였고 품질 개선을 위한 노력도 없었다. 지역 특정을 없애서 전국 어디에서나 막걸리를 제조하여 판매할 수 있도록 하여 민속주 시장이 활성화되는 계기를 마련해야 했다. 이 모든 개혁을 실무위원회에서는 끝장 토론을 통하여 달성하였다. 더 나아가 맥주를 자가 주택이나 업소에서 제조하고 판매할 수 있도록 하였다. 규제개혁 결과, 국산 맥주의 질이 향상되고 다양화되었다.

다음으로 변호사, 공인회계사 등의 선발 인원을 대폭 확대하였다. 문민정부가 되어 민간 중심으로 국가발전 전략이 바뀌면서 변호사와 공인회계사 같은 자격증 소지자에 대한 수요가 폭증하였으나 수요에 비해 매년 배출하는 지격증 소지자 수는 대단히 제한적이었다. 행정쇄신위원회 실무위원회에서는 이 문제를 집중적으로 다루었다. 사법시험과 공인회계사 합격자 수를 처음에는 100명 이상으로 하면서 점차 500명, 1,000명으로 확대하는 쇄신안을 내고 개혁에 들어갔다. 처음에는 관련 단체의 저항이 심했다. 그러나 확대안 자체가 단계적이었고 국민적 지지가 커서 이들 단체도 쇄신안에 동의하였다. 몇 차례 공개 토론회와 실무위원회의 노력으로 쇄신안이 통과되었다. 그 후 사법시험 합격자 수와 공인회계사 합격자 수는 매년 크게 증가하였다.

또한 우체국 금융망을 금융망에 추가 연결하도록 개혁하였다. 5대 국가기간전산망 정책에 따라 모두 금융망에 연결되어 은행 간 이체 등 업무에 전자정부가 정착했던 시중은행과 달리 우체국은 당초 금융망에 포함되어 있지 않았다. 행정쇄신위원회의 노력으로 우체국도 금융망에 연결되었다.

경미한 교통사고 처리에 대해서도 변화를 주었는데 경찰에 신고 처리해야만 했던 제도를 폐지하고 보험회사 간에 해결하도록 하여 교통사고와 관련한 행정처리비용을 대폭 줄이는 데 성공하였다.

그리고 당시 남성만 입교가 허용되었던 사관학교에 여성도 입교

할 수 있도록 제도를 쇄신했다. 여성 입교를 허용해 달라는 청원에 따라 실무위원회는 이 안건을 쇄신안에 넣었다. 토론이 벌어졌다. 사관학교 당국자는 반대했다. 여성이 남성이 하는 훈련을 견딜 수 없으리라는 것이었다. 나는 선진국의 사례와 학교에서 여학생들의 활동을 예로 들면서 그것은 기우에 불과하다고 주장하였다. 몇 번에 걸친 끝장 토론 끝에 당국자는 승복하여 여성의 입교 허용에 찬성하였다. 다만 모든 시설이 남성 위주로 설비되어 있었기 때문에 화장실과 기숙사 등 설비가 보완될 때까지 입교 허용 일자를 뒤로 미루어달라고 했고 그 주장은 받아들여졌다. 지금은 모든 사관학교에서 여성 입교를 허용하고 있다.

이때 정부 조직도 대규모로 바뀌었다. 체신부가 정보통신부로 새롭게 탄생하였고 경제기획원과 재무부를 합친 재정경제원이 출범하였다. 국토부와 교통부도 통합하여 국토교통부가 되었다. 공정거래위원회가 총리 소속으로 독립성을 확보하고 환경처가 환경부로 바뀐 것도 이 시기의 일이었다.

나는 전자정부와 관련해서도 중요한 계혁을 계속해 나갔다. 행정자동화 기본계획을 만들고 행정정보 공동활용을 위한 정책을 성안하였으며 행정전산망을 계층화하고 체계화하였다.

지금 회상해 보면 행정쇄신위원회 시절, 나는 무척이나 열심히 즐겁게 일을 했던 것 같다. 국민과 기업이 현장에서 느끼는 고통을 줄이거나 없앨 수 있다는 데에 보람을 느꼈다.

나는 실무위원회에서 거의 위원장 대행을 맡았는데 이런 연유로 행정쇄신위원회 본 위원회에 결원이 나자 본 위원으로 '승진'을 하였다. 정부위원회에서 내부 승진(?)을 한 것은 아마 내가 처음이 아닐까 생각한다.

3

개혁 입법을 돕다

우리나라에서 모든 행정은 법적 근거를 가져야 한다. 법은 정책 수단이고 문제해결의 수단이다.

제대로 제때 만들어진 법률은 몸에 잘 맞는 옷처럼 건강에도 좋고 쾌적한 상태를 만들어주지만 현실에 맞지 않는 법은 몸에 맞지 않는 옷과 같아서 건강에도 나쁘고 행복하지도 않게 된다.

문제는 법률 제정에는 시간이 소요되기 때문에 법과 현실 사이에는 항상 시차가 존재했다. 규제 개혁, 개혁 입법은 그래서 필요했다. 현실에 맞는 개혁 입법은 정권교체 초기에 흔히 이루어지곤 했다.

행정쇄신위원회 활동과는 별도로 나는 총무처, 정보통신부, 내무부, 감사원 등에서 정책자문위원으로 활동하면서 행정부의 개혁 입법을 도왔다.

공공조직에서의 정보공개에 관한 법률 제정

문민정부의 개혁 핵심은 정책 결정 및 집행에서 투명성을 확보하는 것이었다. 대통령이 자신의 재산을 공개하고 칼국수를 먹으면서 개혁하는 모습에서 정책과 행정의 투명성을 향한 정권 차원의 노력을 볼 수 있었다.

투명성을 보장하기 위해서는 정책 결정 과정과 집행 과정을 기록하고 보관하고 공개하는 법률을 만들어야 했다.

총무처 담당국장과 함께 특별연구팀(Task Force, TF)을 만들어 정보공개에 관한 법률 초안을 만들기로 하였다. 총무처에 전담반을 만들고 팀원으로 나와 행정법 전공 교수, 담당국장이 참여했다. 많은 논의를 거쳐서 우선 공공기관을 대상으로 시작하고 나중에 이를 확대하기로 한 다음 법률안 이름도 '공공기관에서의 정보공개에 관한 법률'로 정했다.

이 법률로 정부기관은 정책 결정 과정 및 집행 과정에서 생성된 정보는 의무적으로 공개해야 했다. 정보공개를 의무화하고, 예외적으로 비공개 영역을 지정하였다.

이 법은 김영삼 대통령 시기에 국회를 통과했으며 김대중 정부에서 본격적으로 시행되었다. 이 법으로 인해 정책이 투명성을 확보하면서 정책의 학습 능력이 높아졌고 정책 결정 과정상의 부정한 청탁 등을 막을 수 있었다.

깨끗한 정부, 투명한 정부, 학습 능력이 있는 정부를 향한 출발이었다. 이 법은 전자정부(당시 전자정부는 '정보화'라는 이름으로 불렸다)의 기본 틀 가운데 하나가 되었다.

국민고충처리위원회법 제정

당시, 유럽을 중심으로 옴부즈만(Ombusman) 제도가 유행하고 있었다.

이 제도는 국민이나 기업이 정상적인 활동을 하는 과정에서 행정관청의 낡은 제도나 규제 때문에 제대로 활동을 할 수 없을 때, 옴부즈만을 임명하여 이 문제를 제도권에서 다루도록 하는 제도였다. 권위주의 정부로부터 문민정부로 이행하는 과정에서는 낡은 제도와 규제 때문에 많은 국민과 기업이 힘들어했다. 정부 공무원 입장에서는 법이나 공식적인 지침에 따라서 행정을 이행해야 했기 때문에 자신의 행정 행위가 현실에서 맞지 않는다는 것을 알고도 이를 시정할 길이 없었다. 이 허점을 해결하는 것이 옴부즈만이었다. 이 제도를 우리나라에 도입하기로 하고 그 이름을 '국민고충처리위원회법'으로 정했다.

옴부즈만은 국민이나 기업의 입장에서 현실과 제도 사이의 괴리를 발견하여 그에 대한 해결책을 건의하는 권한을 가졌다. 초대 옴부즈만으로 행정쇄신위원회 신대균 위원 등이 임명되었다. 고충처리위원의 활동을 통하여 인지된 제도개선 사항은 위원회에서 정식 안건으로 다루었다.

이 제도는 이명박 대통령 시절에 국민권익위원회로 통합되었다.

국민권익위원회는 부패방지위원회와 국민고충처리위원회를 통합한 위원회였다. 나는 행정개혁 입장에서 국민고충처리위원회는 반드시 다시 독립적으로 운영되어야 한다고 생각한다.

행정규제기본법 제정

행정쇄신위원회는 김영삼 정부의 행정개혁위원회였기 때문에 정권이 바뀌면 사라질 것이 분명했다.

김영삼 정부의 임기 말에 이르러 몇 사람이 모여서 이 문제를 이야기했고 행정쇄신위원회 활동을 계속할 수 있는 법률을 만들자는 데 합의했다. 그래서 공무원, 행정쇄신위원회 위원, 교수로 TF를 만들었다. 나도 참여한 TF였다. 법안 이름을 행정규제기본법으로 하고 국회 통과에 최선을 다했다. 법률안은 김영삼 정부 5년 차에 국회를 통과하였다.

이 법은 다음 정부인 김대중 정부에서 본격적으로 시행되었다. 그리고 김대중 정부 개혁의 중요 수단인 규제개혁위원회를 발족하였다. 행정쇄신위원회 시절 실무위원을 지낸 전문가 중심으로 행정개혁시민연합이라는 NGO 단체도 만들었는데 건전한 NGO 단체로서 우리나라 행정개혁을 민간 차원에서 도왔다. 후에 나는 이 단체의 대표를 맡기도 했다.

4

감사원의 정책감사를 돕다

이회창 감사원장이 부임하였다. 그는 원칙주의자라고 소문이 나있었다. 그 무렵 나는 감사원에서 발행하는 감사지에 감사원의 개혁 방향에 관하여 글을 썼다. 이 글을 읽은 이회창 감사원장은 나를 만났고 나는 감사원 개혁에 참여하게 되었다.

이회창 감사원장은 회계검사와 함께 감사원이 정책감사를 해야 한다고 생각하고 있었다. 그는 특히 부처가 수행하는 주요 정책의 타당성에 대하여 과학적 접근을 하여 감사원이 들여다보아야 한다고 보았다.

당시 나는 OR 등 최적화 기법을 이용한 과학적 의사결정 기법을 감사관에서 교육하고 있었다. 이회창 감사원장 지시로 감사관들이 감사위원회에 안건을 넘기기 전에 나의 의견을 물어보기도 하였다. 나는 정책자문위원 자격으로 그들을 도왔다. 고려대학교 정경관에 있는 내 연구실에는 감사관들이 자주 들러 내 자문을 듣고 갔다. 간단한 자문도 있었지만 컴퓨터 시뮬레이션 모형을 만들어서 돌려야 하는 힘든 안건도 있었다.

이런 업무 가운데서 지금도 생각나는 일은 도로 건설이나 항만 축조 등 대규모 공사가 모두 착공식만 하고 준공은 뒤로 밀어두고 또 새로운 사업을 시작하는 관행을 분석한 일이다. 나는 담당 감사관과 함께 시뮬레이션 모형을 돌렸다. 공사비는 변하지 않도록 하고 새로운 공사에 들어가는 돈을 기존 공사의 완공에 먼저 사용토록 한다는 가정으로 모형을 돌렸더니 결과는 놀라웠다. 국민경제적 관점에서 엄청난 이익이 발생하였다. 이 결과를 보고받고 이회창 감사원장이 그 감사관을 칭찬했다고 했다.

이회창 감사원장은 정부의 주요한 정책을 감사원이 과학적 체계적으로 감사해야 낭비가 없어진다고 생각한 것 같았다. 이것을 정책감사라고 이름 짓고 감사원에 정책감사 연구를 위한 TF를 만들었다. 위원은 나와 서울대학교 정정길 교수, 황우여 감사위원, 황영하 사무총장이었다. 우리는 매주 조찬 모임으로 만나서 정책감사의 틀을 짰다.

그 시기 가장 큰 공사는 인천공항 건설과 KTX 사업이었다. 나는 감사원이 해야 하는 정책감사의 큰 틀을 다음과 같이 제시하였다. 대규모 정책은 근원적으로 정권적 차원의 정치적 책임과 관련이 있다. 나는 특정 정책의 성과는 최종적으로 선거를 통하여 정치적으로 국민의 검증을 받아야 한다고 생각하였다. 그러나 감사원도 할 일은 있었다. 특정 정책을 결정할 때 사용한 데이터가 진실하고 공정한 것인지, 데이터 분석에 사용한 모델이 적절한지, 전산처리가 적절한지, 마지막으로 전산처리 결과에 대한 해석이 객관적이고 공정한지를 감사원이 살펴보아야 했다. 이 과정에서 중대한 오류가 있으면 그 정책을 검토해 볼 수 있다고 나는 주장하였다. 나는 이들 두 사업도 이런 관점에서 자문했다.

정책감사 뼈대를 짜면서 나는 감사 데이터베이스 구축과 그 활용을 강조하였다. 사실 감사원 전산실은 1970년대 말 KIST 전산시스템 개발실장 시절 내가 만들었다. 감사원 전산실을 중심으로 전산감사가 본격적으로 이루어진 중심에 전산실이 축적한 데이터가 있었다. 나는 데이터 중심 전산감사의 중요성을 강조하였다.

5

국제화추진위원회 위원으로 이회창 총리를 돕다

이회창 감사원장과의 인연은 그가 국무총리가 되어서도 계속되었다.

그때 학계에서는 김영삼 대통령이 국내 정치에서는 정치 고수이기 때문에 잘할 것이지만 국제 문제, 국제 정세에 대해서는 조금 어려움을 겪지 않을까 하는 우려가 있었다.

학계의 우려를 반영하여 이회창 총리는 총리 소속으로 국제화추진위원회를 설치하였다. 나도 위원이 되어 영어 교육의 확산 등 여러 가지 의미 있는 국제화 정책을 자문하였다. 이 위원회는 국제화의 초기 틀을 짜는 데 있어서 큰 이바지를 했다고 생각한다. 국제화추진위원회는 김영삼 대통령이 세계화추진위원회를 설치하면서 그 위상이 약해졌다.

6

국가정보화 사업을 준비하다

이전 정부에서 '전산화'로 불린 전자정부 정책은 김영삼 정부에서 '정보화'로 이름이 바뀌었다.

김영삼 정부에서는 교수 출신의 미래지향적인 수석비서관과 비서관이 정보화를 이끌었다. 이각범 수석은 서울대학교 교수였고 황성돈 비서관은 외국어대학교 교수였다.

김영삼 정부는 국가정보화추진위원회를 대통령 직속으로 설치하였는데 나도 위원으로 위촉되었다. 주기적으로 대통령을 모시고 청와대에서 정보화 추진 실적을 점검하는 대회도 열었다.

국가정보화에 필요한 조정 기능을 강화하기 위하여 김영삼 대통령은 정보화와 관련하여 여러 부처에 산재한 정보화 행정 기능을 한곳에 모아서 정보통신부를 신설하였다. 이 조치로 국가정보화는 정보통신부를 중심으로 추진되면서 본궤도에 올랐다. 나는 정보통신부 정책자문위원으로 도왔다.

당시 국가정보화의 핵심은 초고속 정보통신망의 구축이었다. 주요도시를 광섬유로 연결하는 사업은 이전 정부에서부터 시작되었다. 성과도 있었다. 아파트가 많은 수도권에서 아파트에 맞는 한국형 데이터망을 구축하는 일은 정보통신부가 나서서 했다.

국가정보화위원회는 무엇보다도 미래 정보화 사회를 설계할 필요성에서 국가정보화 기본 설계를 마련하여 대통령께 보고하였다. 1988년 제정되어 1997년 10회를 맞은 '정보문화의 달' 행사에서 나는 유공자로 대통령으로부터 직접 국민훈장 동백장을 받았다.

이 시기 나는 미국과 한국을 위성으로 연결하여 화상 회의를 하는 실험을 했다. 고려대학교 경영대학의 화상 회의실과 미국 하와이 주립대학교의 화상 회의실을 연결하여 회의를 한 것이다. 이 실험에서 이각범 수석이 처음부터 끝까지 자리를 함께하는 것을 보면서 김영삼 정부의 정보화 의지를 확인했다.

7

교육부의 교육정보화를 돕다

김영삼 정부 시절 교육부 장관은 안병영 연세대 교수였다. 안병영 장관은 서울대학교 행정대학원의 선배였다. 국가정보화 사업이 본격적으로 시작된 시기였는데, 성공의 관건은 초·중·고등학교 학생을 대상으로 하는 컴퓨터 교육이었다. 학교에 PC를 보급해야 했고 교과목도 정해야 했다. 인터넷 연결도 해야 했다.

이런 일을 포함하여 교육부에는 정보화와 관련하여 할 일이 많았다. 나는 교육부 정보화 담당국장이 임명되기 전까지 교육부 정보화를 자문하였다. 그래서 한참 동안 내 연구실에는 교육부 공무원들의 방문이 잦았다.

교육부에 정보화 담당국장으로 서삼영 박사가 임명되면서 교육정보화는 본궤도에 올랐다. 안병영 장관은 교육정보화에 대한 열성이 대단하였다. 그 결과 교육정보화는 성공적으로 구축될 수 있었다.

이런 인연으로 나는 전자정부특별위원장 시절에 서삼영 박사를 NIA 원장으로, 함께 공동실무위원장으로서 기술적 측면을 전담토록 하였다.

전자정부의 개화를 준비한 김영삼 정부

행정쇄신위원회에서도 전자정부와 관련된 행정개혁조치를 했다. 사무자동화로 행정의 능률을 제고하는 쇄신 정책을 폈고 행정정보공동활용을 위한 제도 개선도 했다. 행정 네트워크 시대를 준비하기 위하여 행정용 전산망을 정비하기도 하였다.

김영삼 정부 시기, 국정지표로 국가정보화가 등장하였다. 국가정보화는 김영삼 정부의 신한국창조 전략의 핵심이었다. 각 부처에 산재한 정보화 기능을 통합하여 1994년에 정보통신부를 신설하였다. 그리고 초고속정보통신망 구축 종합계획을 발표하였다. 정보통신부는 김대중 대통령과 노무현 대통령 시기, 정보화를 이끌었다.

대통령 소속으로 국가정보화위원회를 만들고 청와대에 1급의 정보통신비서관을 두어서 진도를 체크하였다. 나는 국가정보화위원회 위원으로 정보화촉진기본법을 만드는 작업과 정보화추진기본계획 성안을 도왔다. 1996년에는 한국에서 최초로 종이와 펜 대신 영상만으로 청와대 회의가 개최된 것도 특기할 만한 일이었다.

정보화촉진기본법 제정을 통하여 정보화 촉진을 위한 기금도 마련하였다. 이런 김영삼 정부의 노력은 김대중 정부에서 빛을 보았다.

김영삼 대통령과 정보화

김영삼 대통령이 대통령으로 재임한 1993년에서 1997년은 한국을 비롯하여 전 세계적으로 인터넷이 광범하게 보급되던 시절이었다. 정보화 시대를 선도하기 위해서는 초고속정보통신망을 구축해야 했다. 이러한 필요성을 인식한 그는 이를 위하여 정보통신부를 세우고 국가정보화위원회를 만들어서 강력하게 추진하였다. 나는 국가정보화 위원으로 청와대에서 김영삼 대통령이 주재하는 대회에 여러 번 참석하였다. 김영삼 대통령은 자신이 모르는 분야는 전문가를 찾아서 맡기고 그 인물을 강력하게 지원해 주었다. 정보화 정책도 이각범 수석, 황성돈 비서 등 전문가에게 일임하고 밀어주었다. 나는 이들 전문가들과 친분이 있는 사이여서 이들을 통하여 정보화 정책을 자문할 수 있었다. 김영삼 대통령의 정보화 정책은 김대중 대통령에 의하여 대부분 승계되고 달성되었다. 김영삼 대통령은 대한민국 전자정부의 기틀을 다진 지도자였다고 기억한다.

5

'전자정부'의 확립

전자정부 개화기

1

정부 조직개편 실행위원으로 정부 조직개편을 돕다

1996년부터 나는 학교 일에 많은 시간을 보냈다. 나는 고려대학교 정책과학대학원장으로 인촌기념강연회를 주관, 시몬 페레스(Shimon Peres) 전 이스라엘 총리를 초청하여 강연을 듣는 등 정책과학대학원의 위상을 높혔다. 또 1997년은 대통령 선거가 있는 해여서 대통령 후보자들을 초청하여 공약을 듣는 기회도 만들었다.

이런 가운데, 나는 관리분석 교과서인《계량행정론》(1989)을 수정 증보하고《환경행정론》(1997)을 펴냈다. 열성을 다하여 낸 책이었다. 이 책을 보고 같은 과 원로 교수인 이문영 교수가 "정말 좋은 책입니다. 마음 같아서는 국회의원들의 필독서가 되었으면 합니다"라고 평가해 주었다. 내가 저술한《정보체계론》(1993)은 이미 고시 준비생의 필독서였다.

1997년 말에 외환위기가 닥쳤고 김대중 후보가 대통령에 당선되었다. 나는 김영삼 정부 시절의 경험을 정리하여 행정쇄신에 관한 책을 쓸 준비를 하고 있었다.

그러던 어느 날, 한 통의 전화가 걸려왔다. 대통령 인수위원회 이강래 박사라고 자신을 소개하였다. 그리고 인수위원회에서 정부 조직개편을 하려고 하는데 내게 정부조직개편실행위원회 위원으로 참여해 달라는 것이었다.

이강래 박사는 실행위원장으로 위촉된 김광웅 서울대학교 행정대학원 교수의 부탁도 있었다고 전했다.

마포에 있는 사무실을 방문하였다. 실행위원회 참가자들 중에는 평소 내가 잘 아는 사람들이 많아 나 역시 참여하기로 하였다. 그렇게 해서 나는 1997년 말부터 대통령 취임식까지 정부 조직개편 활동에 참여하게 되었다.

김대중 당시 당선인은 외환위기를 탈피하기 위해서 정부 조직개편이 필수적이라고 판단했던 것 같다. 본 위원회 산하에 실행위원회를 설치하고 실행위원은 전원 교수 등 민간인만으로 구성하였다. 위원장에는 서울대학교 행정대학원 김광웅 교수가 위촉되었다. 당선인과 위원회와의 연결은 이강래 박사가 맡았다. 이강래 박사에 대한 당선인의 신임이 크다는 것이 느껴졌다.

당선인은 이강래 간사를 통하여 조직개편의 방향을 알려왔다. 앞으로 국무회의는 대통령이 직접 주관할 테니 국무위원 수를 법률이 정한 최소한으로 하라는 당부가 있었다. 또 미국의 관리예산처(Office of Management and Budget, OMB)와 같은 조직을 만들어서 인사와 예산 기능을 대통령실에서 갖도록 해달라는 부탁도 있었다.

그러기 위해서는 상당수의 장관급 부처를 차관급으로 격하하고 부처 통폐합도 해야 했다. 이것은 부처의 입장에서는 사활이 걸린 일로, 이들을 설득하여 '작은 정부'를 만드는 과제가 실행위원회에 떨어진 것이다. 사무실은 경복궁 서문 근처 창성동 건물에 입주하였다. 그날부터 관련 부처 담당 국·과장을 불러서 그들의 의견을 청취하고 설득하였다. 부처 설득에는 최수병 위원이 큰 역할을 했다. 최수병 위원은 전직 고위 공무원으로 부처에 대하여 누구보다도 잘 알고 있었다.

실행위원회는 기존 정부조직의 패러다임을 모두 바꾸어야 했다. 실행위원회는 다음과 같은 방향의 조직개편안을 만들어 밀고 나갔다.

- 지나치게 비대해진 재정경제원의 예산 기능과 경제정책 기능을 분리한다.
- 예산과 인사 기능을 대통령 직속으로 한다.
- 상공부를 지금까지의 정책 고객을 대상으로 한 조직에서 기능별 조직으로 개편한다.
- 내무부 기능을 대폭 축소한다. 경찰은 경찰위원회 중심으로 해서 내무부에서 독립시키고 지방정부 지원은 자치행정의 확대에 따라서 조직을 축소한다.
- 축소된 내무부 기능에 총무처의 조직 기능을 통합하여 행정자치부를 만든다.
- 동력자원부는 폐지하여 산업부 산하의 동력자원실로 축소하고 산업부 명칭을 산업자원부로 한다.

- 교육부도 축소하여 비대해진 대학정책실을 없애고 대학행정지원과를 둔다. 교육부의 수석 국으로 평생교육국을 운영한다. 초중고 행정은 교육청에 대폭 이관한다.

대규모 조직에서는 반발이 심했다. 축소 또는 폐지 대상 부처의 반발도 컸다.

정부 조직개편은 국회 의결사항이었기 때문에 조직개편에서 당시 야당의 협조는 필수적이었다. 가장 큰 문제는 예산과 인사 기능이 청와대 소속이라는 것이었다. 특히 예산 기능을 대통령실이 가져가는 개편안에 대하여 야당은 크게 반대하였다. 타협이 필요했다. 인사는 중앙인사위원회를 대통령 소속으로 하는 데에 큰 반대가 없었으나 예산편성권 등을 대통령 소속으로 하는 안에 대해서는 수정이 불가피해졌다.

이 일은 체면 싸움으로까지 번졌다. 실행위원회에서는 중재안을 만들어야 했다. 그래서 만든 것이 대통령 소속의 기획예산위원회와 예산청 설치였다. 예산청은 형식상 재정경제부 소속으로 하되 실제는 기획예산위원회 소속으로 운영하는 방식을 채택하였다. 기획예산위원회와 예산청은 같은 건물을 사용하였다. 이것은 오래가기 어려운 일종의 변칙이었다. 1년 후, 기획예산위원회와 예산청을 합쳐서 기획예산처가 만들어지면서 이러한 변칙은 해소되었다.

2

정부 조직개편 중 정보통신부 등 미래지향적 부처를 구하다

실행위원회에서 국무위원 수를 17개로 축소한 개편안을 만들어서 본회의에 올렸다. 본회의 위원장은 박권상 언론인이었다. 원로 행정학 교수들도 위원으로 있었다.

최종 결정 회의에는 실행위원도 참석하였다. 나는 최종안을 보고 놀랐다. 실행위원회에서 올린 개편안이 본회의 토론 가운데서 대폭 수정되어 있었다. 대규모 부처의 로비가 성공한 듯했다. 정보통신부, 과학기술부, 문체부 등 내가 생각할 때 미래 먹거리 창출 부처가 퇴출 대상이 되어 있었다.

위원장은 수정안을 의결하려고 했다. 나는 손을 들어서 발언권을 요청하고 이렇게 발언했다. "오늘 이 수정안에서는 미래지향적인 먹거리 부처가 사라지고 보이지 않습니다. 위기일수록 미래를 생각해야 합니다. 이강래 간사에게 묻습니다. 미래지향적인 정보통신부, 과기부, 문체부가 사라진 이 개편안을 당선인이 받아줄 것으로 생각하십니까?" 이강래 간사는 한동안 생각하더니 답을 했다. "아마도 받아들이지 않을 것입니다." 이렇게 해서 다시 논의가 이루어졌고 미래지향적 부처는 살아남을 수 있었다. 나는 지금도 그 행동에 대하여 자부심을 느낀다.

당시 고통 분담과 작은 정부라는 방향 때문에, 공무원 정원을 10퍼센트 정도 감축해야 했다. 그런 가운데서도 나는 기상청, 농촌진흥청 등의 연구직은 증원해야 한다고 주장하여 관철했다. 경제위기는 언젠가는 지나갈 것이고, 장기적으로 우리 경제는 첨단기술이 이끌고 나갈 것이라는 확신이 있었던 것이다.

1년 후 또다시 찾아온 위기

학교에서 강의를 하는데 남궁석 정보통신부 장관으로부터 전화가 왔다. 정보통신부를 없애는 정부 조직개편안이 행정개혁위원회로부터 와서 지금 국무총리 공관에서 이 문제를 토론하는 회의가 진행 중이니 지금 바로 총리 공관으로 와달라는 전화였다. 목소리를 들으니 몹시 심각한 듯하였다.

나는 바로 총리 공관으로 갔다. 정보통신부 정책자문위원들이 김종필 총리를 중심으로 앉아있었다. 자문위원들이 돌아가면서 자신의 의견을 피력했는데 정보통신부 폐지를 반대하는 발언이 많았다. 내 자리는 총리 바로 옆자리였다. 내 차례가 오자 나는 김종필 총리에게 말했다. "지금 우리나라는 경제위기를 벗어나기 위하여 몸부림을 치고 있습니다. 작은 정부를 지향하는 것은 옳습니다. 그러나, 앞으로 세상은 정보화 사회입니다. 정보화 사회는 최첨단기술이 밀고 새로운 수요와 정책이 이것을 이끌어주면서 발전합니다. 지금 우리나라는 정보화에서도 다른 나라에 뒤처져 있습니다. 이 경쟁에서 이기려면 국무위원급 부처가 선두에 서서 이끌어주어야 합니다. 행정개혁위원회 측에서는 정보통신부 기능은 살아있다고 주장합니다. 그러나 정보화 정책을 국무위원인 장관이 선도하는 것과 어느 부처의 실장이나 국장이 선도하는 것, 어느 쪽이 효과적으로 미래를 준비할 수 있다고 생각하십니까? 저는 정보통신부는 반드시 존속되어야 한다고 생각합니다."

내 말을 듣고 김종필 총리는 결심이 선 듯하였다. 그리고 특유의 목소리로 말했다. "정통부 안 없어집니다. 내가 지키겠습니다." 그렇게 해서 나는 두 번째로 정보통신부를 지켰다.

3

정부혁신추진위원회 점검평가 특별위원장으로 개혁을 돕다

김대중 정부 출범 직후, 경영학자 중심으로 구성된 행정개혁위원회가 1년의 임기를 마치고 종료되었다. 정부에서는 행정학자인 조창현 한양대학교 교수를 위원장으로 하는 정부혁신추진위원회를 발족하였다. 기획예산처 장관이 간사이고 주요 부처의 장관과 민간인 몇 명이 위원이었다. 나는 민간위원으로 위촉되었다.

회의에는 청와대 기획 수석비서관이 배석하는 등 청와대의 지원이 커서 개혁의 중심 기구로 자리를 잡아가고 있었다. 김대중 정부가 출범한 지도 1년 이상이 되어가고 있었다. 민간 중심의 정책은 규제개혁위원회 활동을 통하여 자리를 잡는 중이었다. 그러나 정부 내 개혁은 그동안 조직개편 등 조직 중심의 개혁에 치중하느라 일하는 방식의 개혁, 공무원의 무사안일에 대한 해결 등에는 손댈 여지가 없었다.

정부혁신추진위원회가 그 일을 하기로 하였다. 정부혁신위원회 규정에는 특별위원회를 설치할 수 있도록 되어 있었다. 위원회는 점검평가 특별위원회를 설치하고 특별위원회 위원장으로 나를 임명하였다. 나는 기획예산처와 행정자치부, 정보통신부의 차관보 등의 협조로 특별위원회 TF를 만들고 일에 착수하였다.

산하에 두 개의 분과위원회를 설치하였다. 하나는 정부기관을 점검하고 평가하는 분과였고, 다른 하나는 공공분야에 속한 조직의 활동을 점검하고 평가하는 분과였다. 정부기관평가 분과위원장에는 서울대학교 행정대학원의 김동건 교수를, 공공조직 점검평가 분과위원장에는 김일섭 회계사와 신대균 국민고충처리위원을 위촉하였다.

특별위원회의 1차적 목표는 감사원이 개혁 감사를 하면서 각 부처에 시정을 지적한 개혁 사항을 중심으로 개혁 진행 상황을 부처별로 파악해서 이행률을 높이는 데 두었다.

특별위원회 출범 당시 이행률은 30퍼센트 이하였다. 몇 개월에 걸친 특별위원회 활동 결과 이행률이 70퍼센트 이상으로 향상되었다. 그리고 부처들도 긴장하게 되었다. 특별위원회가 목표로 한 것이 어느 정도 달성되었다. 나는 결과를 들고 조창현 교수와 함께 청와대로 가서 대통령에게 보고하였다.

4

규제개혁위원회 활동으로 경제위기 탈피를 돕다

김영삼 정부 마지막 해에 행정규제기본법이 국회를 통과하고 이 법에 따라 김대중 정부에서는 규제개혁위원회를 설치하였다. 국무총리와 민간인의 공동위원장 체제로 당시 총리는 김종필 총리였다. 제1대 민간위원장으로는 이진설 전 장관이 위촉되었고 나는 민간위원으로 위촉되었다.

김대중 대통령은 규제개혁을 강하게 추진할 계획인 것 같았다. 그는 "규제개혁은 종전과 같이 부처 중심으로 조금씩 해서는 효과가 없습니다. 과감한 규제개혁을 해야 합니다. 영국과 같이 과감하게 대규모로 해야 합니다." 그리고 그는 1년 안에 정부가 보유하고 있는 모든 규제를 절반으로 완화하거나 없애라는 지시를 규제개혁위원회에 내렸다.

그러기 위해서는 당장에 각 부처가 보유하고 있는 규제 현황을 파악해야 했다. 나는 규제개혁위원회 행정실장에게 한 가지를 건의했다. "부처 보유 규제 현황을 파악하려면, 컴퓨터를 이용한 규제코드 제도를 운영해야 합니다." 각 부처가 보유하고 있는 규제를 규제개혁위원회가 신고받아서 각 규제에 고유코드를 부여하고 앞으로는 규제코드가 없는 규제는 불법이라고 선언하였다. 그러자 부처들은 자신이 갖고 있는 규제를 신고해 왔다. 그래서 우리나라 처음으로 규제 총건

대통령 소속 규제개혁위원장 임명장 수여식(2002년 2월 26일)

수가 파악되었다. 1만 5,000여 건을 넘었던 것으로 기억한다.

이때부터 규제개혁위원회는 각 부처를 상대로 1년 안에 규제를 반으로 줄이는 작업을 시작하였다. 이 일은 분과위원회를 중심으로 이루어졌는데 회의실이 없어서 어떤 분과위원회는 매주 국무위원 식당에서 열렸다. 규제의 절반을 없애는 정책은 효과가 있었다. 부처가 내놓기 싫어하는 규제도 규제의 절반을 없애는 상황에서는 내놓을 수밖에 없었기 때문이었다.

신설 규제를 억제하기 위해서 규제총량제를 도입하였다. 규제를 신설하기 위해서는 그 수만큼의 기존 규제를 없애도록 하였다. 이 제도는 상당한 성과를 거두었다. 다른 개혁조치는 규제일몰제의 도입이었다. 이 조치는 원칙적으로 새로운 규제는 5년 일몰로 하되 예외적 상황에서만 일몰 적용을 제외하도록 한 것이다. 이 조항이 들어간 것은 환경 변화를 따라가지 못하는 규제를 변화에 맞게 바꾸도록 하기 위함이었다.

다른 개혁 조항은 규제영향평가 제도였다. 부처가 새롭게 내놓는 신설 규제는 반드시 규제영향평가를 해서 그 결과를 위원회에 제출하도록 법으로 규정하였다. 신설 규제가 주는 바람직한 영향과 바람직하지 않은 영향을 계량화해서 비용효과를 분석하는 일은 쉬운 일이 아니었다. 전문가가 필요한 작업이었다. 전문가가 이용할 수 있는 데이터가 축적되어 있지 않은 여건에서는 규제영향평가는 형식적으로 이루어질 수밖에 없었다. 이 문제를 해결하기 위하여 내가 규제개혁위원장이 된 후에 한국행정연구원에 규제영향평가팀을 만들고 규제영향평가를 전담하는 박사급 연구원 정원을 만들었다.

김대중 정부 최대의 국정과제는 경제위기를 신속히 탈피하는 것이었다. 그러기 위해서는 정부와 기업의 구조조정과 동시에 기업활동을 촉진해야 했다. 기업활동 촉진은 규제개혁으로 시동을 걸었다. 기업들은 규제개혁위원회의 활동으로 낡은 규제, 기업활동을 저해하는 규제로부터 상당 부분 자유로울 수 있었다. 나는 김대중 정부의 규제개혁이 경제위기 극복과정에서 큰 역할을 했다고 자부한다.

나는 1기 규제개혁위원회 위원으로 참여한 후 2기 규제개혁위원회에서는 분과위원장이 되었고 강철규 2대 규제개혁위원장이 부정방지대책위원장으로 가면서 3대 규제개혁위원장이 되었다. 김대중 정부의 임기 마지막 해와 노무현 정부 초기에 나는 규제개혁위원장으로 규제개혁을 진두지휘했다.

5

전자정부특별위원장으로 전자정부 기틀을 마련하다

2000년, 새 천년이 시작되었다. 행정자치부 대통령 업무보고가 있었다. 최인기 장관은 보고의 첫 페이지에 전자정부 구축을 내세웠다. 처음으로 새 천년 업무보고에서 전자정부가 행정자치부 중요 정책과제로 보고되었다.

당시 업무보고는 민간전문가 몇 명을 초청해서 대통령의 질문에 답을 하는 형식을 취하고 있었다. 나는 그 보고회에 초대되었다. 나는 그 당시 행정자치부 전자정부 분과 정책자문위원장이었다. 행정자치부 장관의 보고가 끝나고 김대중 대통령이 내게 질문하였다. "전자정부를 구축하면 어떤 좋은 일이 있습니까?" 나는 답했다. "전자정부는 단순히 행정 업무를 전산화해서 컴퓨터로 처리하는 것이 아닙니다. 전자정부를 통하여 행정 시스템을 정보화 사회에 맞도록 전환하는 것입니다. 전자정부 구축은 정보화 사회를 준비하는 중요한 과정입니다. 정부혁신과 행정개혁은 전자정부를 통해서 이루어져야 합니다. 전자정부가 성공적으로 이루어지면 정책 및 행정 정보가 체계적으로 투명하게 기록되고 관리되어 행정이 지능적으로 이루어지고 부정부패가 사라지게 될 것입니다." 김대중 대통령은 그 회의에서 전자정부 구축의 필요성을 언급하고 전자정부 추진을 강하게 지시하였다.

전자정부특별위원회 위원장으로 위촉

2000년 후반으로 접어든 어느 날, 정부혁신추진위원회에 김성재 대통령 비서실 정책기획수석비서관이 참석하여 전자정부특별위원회를 구성하여 전자정부를 구축하라는 대통령의 말을 전해왔다.

나는 그 당시, 실무위원회 위원장을 맡도록 예정되어 있었다. 나는 "특별위원회를 구성할 필요 없이 앞으로 생길 실무위원회에서 그 일을 하면 될 것 같습니다"라고 내 의견을 말했다. 그러나 김성재 수석은 대통령의 의지라며 특별위원회 구성을 고집하였다. 그렇게 해서 특별위원회 구성안이 추진위원회를 통과하였다. 이제는 누구를 위원장으로 하느냐를 결정해야 했다. 이 문제는 조금 시간을 두고 정하기로 하였다. 김성재 수석은 행정자치부, 정보통신부, 기획예산처 장관에게 위원장 후보를 추천하도록 요청했다. 세 부처 모두 나를 위원장 후보로 추천했다. 나는 점검평가특별위원회 위원장으로 고생한 탓에 위원장직을 고사하였다. 그러나 김성재 수석은 3개 부처가 공통으로 추천했고 대통령 의향도 그러하니 내가 특별위원회 위원장을 맡아주어야 한다고 주장하였다.

몇 번 고사하다가 몇 가지 조건을 붙여서 동의하였다. 이 조건은 내가 충북 행정전산 시범운영 연구를 하면서 터득한 지혜였다.

첫째, 형식적으로는 정부혁신추진위원회 소속이지만 운영은 대통령 직속 위원회로 해야 한다. 전자정부 사업은 대통령의 지지가 필수적이라는 것을 나는 알고 있었다. 둘째, 추진위원회를 거치지 않고 대통령에게 직보한다. 중간 단계가 많을수록 추진 동력이 상실될 것이 분명했다. 셋째, 위원장에게 특별위원회 구성은 물론 전자정부 구축에 관한 권한을 최대한 부여한다. 각종 규제를 철폐하고 부처 간 이해관계를 조정해야 성공할 수 있었다. 나는 전자정부의 '차르'가 되어야 했다. 넷째, 한국전산원장을 추진 전담기관으로 한다. 전자정부는 첨단기술을 활용하는 것이기 때문에 한국전산원의 기술적 지원은 필수적이라고 나는 생각했다.

내가 제시한 조건은 모두 받아들여졌다. 나는 그해 말에 전자정부 특별위원회 위원장에 위촉되었다.

전자정부특별위원회 구성

나는 먼저 교수 중심으로 민간위원을 선임하였다. 조직도를 그리고 위원회 산하에 공동 실무위원장을 두어서 부처 간 조정과 기술적 지원을 하도록 했다, 실무위원장 중 한 명은 청와대 기획비서관으로 하고 다른 한 명은 NIA 원장으로 하도록 했다. 청와대 기획비서관은 그 당시 공석이었다. 기획예산처에 가장 유능한 인재를 기획비서관으로 파견해 달라고 부탁하였다. 공석이었던 NIA 원장도 전문성과 리더십이 탁월한 사람으로 임명해 달라고 정부에 부탁하였다. 정부는 한국교육정보원(Korea Education and Research Information Service, KERIS) 원장으로 있던 서삼영 원장을 NIA 원장으로 임명하였다. 그리고 기획비서관으로 김영주 비서관을 임명하였다.

사무실도 없는 상태에서 시작했기 때문에 특별위원회 사무실이 마련될 때까지 우리는 호텔에서 조찬을 겸해 회의를 했다. 그것이 조찬회의의 시작이었다. 첫 조찬 회의가 있던 2001년 초, 엄청난 눈이 내렸다. 미팅이 취소되는 것 아니냐고 누가 내게 물어왔다. "특위는 특공대입니다. 특공대가 눈이 내렸다고 해서 일을 안 할 수는 없습니다. 회의 합니다." 그것이 우리 특별위원회의 전통이 되어서 눈이 오나 비가 오나 회의는 중단되는 일이 없었다.

나는 특별위원회에서 기본 방침을 말했다. "우리 특위는 욕심을 내지 않고 현 정부 임기가 끝날 때까지 완성할 수 있는 전자정부 사업을 선정해서 완성하는 것을 목표로 합니다. 특위의 모든 일은 내년 10월까지로 생각해야 합니다. 내년은 대통령 선거가 있어서 후반부에는 거의 일을 할 수 없을 것입니다. 중요한 사업은 그 전에 마쳐야만 합니다."

전자정부 11대 사업 선정과 착수보고회의

부처 간 조정업무 및 대통령 직보 체제를 만들기 위하여 정부는 청와대 기획비서관을 공동실무위원장으로 위촉하였다. 기획예산처에서 김영주 당시 국장(후에 산업자원부 장관)을 기획비서관으로 파견했고 그는 전자정부특별위원회의 공동실무위원장으로 부임했다. 김영주 비서관은 대단히 유능했다.

특별위원회는 각 부처가 원하는 전자정부 사업을 중심으로 사업을 선정하였다. 부처가 원하는 사업 가운데서도 다부처 관련 업무로 경제와 국민 생활에 긍정적 영향을 미치는 사업을 중심으로 선정하였다.

여기에 전자정부 인프라에 해당하는 사업과 인사, 예산 등 정부 고유업무 사업을 특별위원회가 자체적으로 포함시켰다. 이렇게 해서 전자정부 11대 사업이 선정되었다. 11대 사업과 관련된 부처의 차관을 특별위원회 위원으로 임명하였다.

특별위원회의 첫 전체회의는 청와대에서 기획수석 참석하에 열렸다. 이어서 청와대에서 대통령 보고가 있었다.

대통령은 이 자리에서 전자정부 구축의 필요성을 강조하고 특히 차관들은 정보처리 최고책임자(CIO)이니 소관 사업에 책임감을 갖고 추진하라고 지시하였다. 그리고 참석한 국무위원들에게, 전자정부 구축의 중요성을 역설하고 강력히 지원해 줄 것을 지시하였다.

매트릭스 조직 운영

나는 특별위원회를 효과적으로 운영하기 위해서는 슬림화해야 한다고 생각하였다. 그래서 민간위원 수를 나를 포함하여 일곱 명으로 하였다. 서삼영, 황성돈, 김성태, 송희준, 윤영민, 윤창번 위원이 민간위원이었다.

사무국 요원은 기획예산처, 행정자치부, 정보통신부에서 지원받았다. 민간위원에게는 두 가지 과제를 주었다. 하나는 11대 사업 중 2개 정도를 책임지고 진도 체크를 하고 관리할 책임이었고 다른 하나는 민간위원의 전문성을 살펴서 기능별로 사업에 도움을 주는 일이었다. 일종의 매트릭스(matrix) 조직을 운영한 것이다.

매주 열린 민간위원 중심의 회의는 조찬 회의로 하였다. 회의에서는 위원별로 자기가 담당한 사업의 진도를 보고하고 전문 분야의 문제점을 제시하고 토론토록 하였다. 관련 부처의 국장이 참석하였는데 여러 부처가 관련된 경우에는 모든 관련 부처의 국장을 참석시켰다. 부처 사이에 조정이 이루어지지 않으면 이루어질 때까지 회의와 토론을 했다. 나는 "이 세상에 해결할 수 없는 문제는 없다. 복잡한 문제는 덜 복잡한 문제로 분해하면 해결할 수 있다"고 말했고 이런 관점에서 토론을 통해서 문제를 해결해 나갔다.

문제해결 방안의 하나로 내가 생각해 낸 것은 회의 진행 상황과 토론 내용을 속기하고 이것을 기록으로 남기는 것이었다.

회의 속기와 회의 내용 기록

모든 조찬 회의를 속기하도록 하였다. 그리고 회의를 하기 전에는 반드시 이전 회의록을 낭독하여 회의의 연속성을 유지하도록 하였다. 부처를 대표하는 회의 참석자 가운데는 특별위원회 회의에서 합의한 사항을 다음 회의에서 뒤집는 경우가 있었다. 이런 경우에 나는 속기록을 보여주고 지난 회의에서 결정된 사항이며 VIP에게 이미 보고가 된 사항이라고 밀고 나갔다. 이 방법은 상당히 효과가 있었다.

11대 사업을 완료하기까지 조찬 회의는 진도 파악과 문제해결 과정에서 대단히 중요한 역할을 하였다. 1년 반 동안 50여 회 이상 조찬 회의를 가지면서 부처를 조율하였다.

프로그램 개발 시 자체적인 대책 수립 지시

11대 사업은 과정에 민간기업의 참여가 필수적이었다. 정보전략계획(Information Strategy Plan, ISP), 업무재설계(Business Process Reengineering, BPR) 단계부터 구체적인 시스템 구축에 이르기까지 민간기업을 활용하였다.

나는 한국전산원 관계자들에게 몇 가지를 지시하였다. 대기업이 사업에 참여할 때 하청기업과 컨소시엄을 구성하여 들어오도록 하고 하청기업의 개발 비용은 특별위원회에서 바로 하청기업에 지급하라는 것이 첫째 지시사항이었다. 이 지시로 대기업의 하청기업에 대한 '갑질'을 어느 정도 막을 수 있었다. 둘째, 정부가 자신들에게 매인 것을 알면, 계약 포기 등을 내세우면서 계약 금액을 올리거나 정부 보증으로 사업 자금을 빌릴 수 있도록 요구하던 한국 기업의 관행적 행태를 방지하기 위하여 나는 NIA에 민간기업의 '횡포'가 나타나면 언제라도 NIA이 들어가서 그 사업을 즉시 맡을 수 있도록 항상 준비하도록 지시하였다. 이 지시는 효과가 있었다. 특별위원회 사업 중에는 민간기업이 말썽을 피우는 일은 없었다. 사업 성공을 위하여 성실하게 노력해 준 기업들에 지금도 감사하는 마음을 갖고 있다.

모든 홍보는 담당 부처에, 특별위원회의 언론 노출 지양

11대 개별 사업의 대통령 보고와 언론 발표는 담당 부처가 하도록 하였다. 특별위원회는 이들이 하는 일을 도와주는 것이라는 것을 되풀이하여 주지시켰다.

그럼에도 특별위원회 활동을 일반에게 알릴 필요가 있을 때에는 학회 활동을 통하도록 하였다. 특히 미국행정학회(American Society for Public Administration, ASPA)의 발표를 적극적으로 이용하게 하였다. 당시 서울시가 개발한 전자정부 시스템의 하나인 OPEN 시스템의 경우 미국 학회에서 발표한 것을 계기로 UN에서 채택되어 세계 여러 나라와 공유하기도 하였다. 이 조치로 특별위원회와 담당부처 사이에는 갈등이 없었고 협조는 순조로웠다.

본격적인 실시에 앞서 이해 당사자를 설득

전자정부시스템이 어느 정보 구축되고 시운전에 들어가면서 이해 당사자들의 설득이 문제가 되었다. 먼저 문제가 된 것은 4대 보험기관의 반발이었다. 전자정부를 통하여 이들 4개 기관의 행정이 통일되고 원스톱 서비스(One Stop Service)가 가능해졌으나 이러한 일련의 조치가 기관 폐쇄로 이어질지 모른다는 우려가 있어서 반대가 나왔다. 이 문제는 담당 부처의 장·차관과 특별위원회 민간위원들이 설득하고 이해시켜서 해결하였다.

교육부의 교육 정보화 시스템(National Education Information System, NEIS) 사업은 애초 별 걱정이 없는 사업이었다. 왜냐하면 이 시스템은 초·중·고등학교 선생님들의 행정 업무를 줄이는 것을 목적으로 한 것이었기 때문이었다. 학교가 데이터를 만들어서 포털에 올려놓으면 필요한 기관에서 그 데이터를 이용하여 자신들이 원하는 자료를 산출할 수 있도록 한 것이었다. 문제는 그 과정에서 학생들의 개인정보가 유출될 수 있다는 우려에 있었다. 이 문제 때문에 한동안 이 시스템 운영이 힘들었으나 시간이 지나면서 해소되고 정착되었다.

다른 사업은 별다른 난항 없이 잘 운영되었다.

법적인 장벽을 넘은 전자정부기본법 제정

우리나라에서 정부의 모든 행위는 법률에 규정되어 있어야 한다. 전자정부는 부처 사이의 벽을 허무는 일이었다. 그것은 법률개정 사항이었다. 특별위원회 법률팀 보고에 의하면 전자정부 11대 사업과 관련된 개별법의 수가 250개에 달했다. 250개 개별법을 하나씩 개정하는 것은 시간상으로나 행정상으로 불가능했기 때문에 해결책으로 나온 것이 기본법의 제정이었다. 논의와 토론 끝에 만든 전자정부기본법은 다행히 야당의 동의 덕분에 국회를 통과할 수 있었다. 나는 안도의 숨을 쉬었다. 1970년대 말, 충북 행정전산 시범운영이 법 때문에 시행되지 못한 것을 직접 경험했기 때문이었다

6

김대중 대통령이 눈물을 보이다

2001년 특별위원회가 출범한 이후 2002년까지 나는 전자정부특별위원회 위원장으로 전자정부 11대 사업 구축에 온 힘을 쏟았다. 부처 간 조정을 위하여 50회가 넘는 조찬 회의를 주관하는 등 최선을 다하였다. 특별위원회 위원과 사무국 직원들 그리고 부처 담당자들이 모두 합심하여 일하였다.

2002년 늦가을 드디어 전자정부 11대 사업 준공 보고회가 청와대에서 열렸다.

보고가 끝나고 대통령은 전자정부 사업을 하게 된 경위를 이야기해 주었다. 빌 게이츠를 만났는데, 그는 현 정부가 IMF 경제위기 돌파의 한 수단으로 초고속정보통신망 사업을 조기에 완공했고 그것을 계

'전자정부 기반 완성보고회'에서 청조근정훈장 수여식(2002년 11월 13일, 청와대 영빈관)

기로 전자정부 사업에 눈을 돌리면 좋을 것이라는 말을 했다는 것이었다.

발언 끝에 김대중 대통령이 한 말이 아직도 생생하다. "정치인으로 나를 돌이켜 보면, 좋은 날이 별로 없었습니다. 그러나 오늘은 좋은 날입니다. 전자정부 구축에 힘써 주신 모든 분께 감사합니다." 그러면서 눈물을 닦았다.

나는 그 자리에서 청조근정훈장을 대통령으로부터 직접 수여받았다. 나는 평생 그 대통령의 눈물을 잊을 수가 없다.

2002년 그해, 한국은 월드컵에서 4강에 진출했다. 그리고 그해 전

청조근정훈장 수훈 후

자정부 11대 과제가 성공적으로 진수되었다.

김대중 대통령 시기는 한국 전자정부의 개화기

앞서 말한 바와 같이 나는 특별위원회를 특공대처럼 운영하였다. 그 어려운 임무를 불평 없이 성공적으로 이끈 특별위원회 위원들과 사무국 직원들께 지금도 감사하는 마음이 가득하다. '전자정부'라는 용어가 정식으로 등장한 것은 김대중 대통령 때부터이다.

김대중 정부의 전반부는 IMF 외환위기로부터 국가를 구하는 일에 정책의 최우선 순위가 주어졌다. 나는 이 시기, 규제개혁위원회 위원,

분과위원장, 총리와 함께 공동위원장으로 규제개혁을 통한 경제활성화에 노력하였다. 또 작지만 강력한 정부 구현이라는 정부 정책을 위하여 정부혁신추진위원회 점검평가특별위원장으로 노력하였다. 정권 후반부에는 전자정부특별위원회 위원장으로 전자정부 11대 사업을 성공리에 궤도에 올렸다.

7

전자정부 구축의 선봉에 서다

김대중 대통령은 누구보다도 정보화 사회의 도래를 예견하고 전자정부 구축의 필요성을 느껴 전자정부 구축을 지원해 주었다.

내가 김대중 대통령을 만난 것은 2000년 행정자치부 연두 업무보고회에서였다. 그 자리에 나는 민간전문가 자격으로 참석했고 대통령은 내게 전자정부 구축의 필요성을 설명해 달라고 요청하였다. 나는 그 자리에서 전자정부는 단순한 전산화가 아니라 미래 행정의 수단이며 행정의 민주화를 달성하고 특히 공무원의 생산성을 향상시키는 부국의 기본 수단이라는 것을 강조하였다. 대통령은 내 말에 동의하면서 정부는 전자정부를 강력하게 추진할 것이라고 말하고 행정자치부 장관에게 잘 추진하도록 당부하였다.

다음으로 김대중 대통령을 만난 것은 정부혁신추진위원회 점검평가특별위원회 위원장 시절이었다. 정부기관과 정부가 돈을 댄 기관들의 개혁 상황을 점검하여 대통령 집무실에서 직접 보고하였다.

그다음 만남은 내가 전자정부특별위원회 위원장으로 11대 사업을 진수할 때 청와대에서 이루어졌다. 그 자리에서 그는 참석한 정부위원들에게 부처 CIO인 것을 명심하여 이 사업을 성공적으로 추진하도록 지시하였다. 2002년 11대 사업 준공식장에서 대통령은 내게 감사를 표했고 나는 그 자리에서 전자정부 구축의 공로로 청조근정훈장을 직접 받았다.

8

전자정부 개화기 떠오르는 인물들

서삼영 박사

서삼영 박사는 서울대학교 행정대학원 후배이다. 그는 펜실베이니아 대학교에서 박사학위를 받았다. 안병영 교수가 교육부 장관으로 일할 때 교육정보국장으로 발탁되었고 그 후 KERIS 원장으로 임명되었다. 나는 전자정부특별위원장 시절, 서삼영 박사를 NIA 원장으로 강력히 추천하고 공동실무위원장을 맡겼다. 그는 해외기술 변화에 민감했고 추진력이 뛰어났다. 서삼영 박사가 없었더라면 전자정부 사업이 뿌리를 내릴 수 없었을 것이라고 생각한다. 그는 젊은 나이에 타계하였다. 참으로 아쉽게 생각한다.

김영주 · 박남훈 기획비서관

김영주 기획비서관은 특별위원회 전반부에, 박남훈 기획비서관은 후반부에 실무위원장으로 부처 간 조정을 훌륭히 수행해 주었다.

이 두 사람의 헌신적인 노력으로 11대 과제를 성공적으로 구축할 수 있었다.

6

혁신을 더 가까이

전자정부 정착기

1

대통령 인수위원회에서 전자정부특별위원회 운영 경험을 특강하다

김대중 대통령에 이어서 노무현 대통령이 취임하였다. 대통령직 인수위원회가 만들어지고 사람들은 바쁘게 돌아가고 있었다.

어느 날 인수위원회에서 전화가 왔다. 김대중 정부에서 운영했던 위원회를 검토한 결과 내가 위원장을 맡았던 전자정부특별위원회가 가장 성공적으로 운영한 것으로 평가되었다고 하면서 인수위원회에 와서 전자정부특별위원회 운영 사례를 강의해 줄 것을 요청하였다.

나는 전자정부는 정권을 넘어서 승계, 발전되어야 한다는 생각을 하고 있었다. 흔쾌히 승낙하고 가서 강의를 하였다. 많은 사람들이 모여 있었다. 나는 전자정부특별위원회 구성에서부터 11대 사업 선정 과정 그리고 진행 과정과 위원장의 역할에 대하여 강의하였다.

오랜 일이어서 자세히 기억할 수는 없으나 대략 다음과 같은 내용을 말한 듯하다. 첫째, 전자정부는 단순한 전산화를 넘어서 행정개혁의 주된 수단이라는 것을 명심해야 한다. 둘째, 따라서 전자정부는 행정개혁 그리고 제도개혁과 같이 가야 한다. 셋째, 전자정부는 부처 사이의 장벽을 허무는 일이므로 대통령의 힘을 빌려야 한다. 넷째, 그러므로 특별위원회는 대통령 직속으로 하고 직접 보고를 해야 한다. 다섯째, 특별위원회는 욕심을 내지 말고 대통령 임기 내 완성할 수 있는 사업을 선정하여 완수해야 한다.

노무현 대통령 당선인과 함께 토의하는 시간도 있었다. 그 자리에서도 나는 전자정부가 행정개혁의 주요 수단이라는 것을 강조하였다. 그래서 그런지 노무현 대통령은 전자정부 업무를 행정개혁의 주무 부처인 행정자치부로 넘겼다.

노무현 대통령 시기, 전자정부특별위원회는 독립적 지위를 갖는 위원회로 격상되었고 전자정부를 좀더 체계적으로 개발하였다. 대통령 본인이 컴퓨터 전문가여서 전자정부에 관심이 많았던 덕에 노무현 대통령 시기 전자정부 업무는 내가 구축한 11대 사업에 31대 사업을 새로 추가하여 개발하였다. 한국은 본격적인 전자정부 개화 2기를 맞이하여 뿌리를 내리게 된 것이다.

2

정보통신부 장관을 제의받다

노무현 대통령의 초대 내각에서는 국민추천제라는 새로운 제도가 도입되었다. 국민이 각료를 추천하면 인수위원회에서 검증하고 최종적으로 대통령이 임명하는 제도였다.

신문을 보니 내가 정보통신부 장관 후보로 나와있었다. 제자들이 추천했을 것으로 생각은 했으나 확인하지는 않았다.

어느 날, 인수위원회 경제2분과에서 연락이 왔다. 위원회 사무실로 나와 달라는 것이었다. 분과위원장은 김대환 교수였는데 행정쇄신위원회 시절에 나와 같이 실무위원을 한 사람이어서 잘 아는 사이였다. 국민 추천으로 올라온 사람들을 대상으로 분과위원회에서 인터뷰를 하고 추천자를 선정하는 모임이었다.

나는 이 자리에서 김대환 위원장에게 내가 이 자리에 나온 것은 정보통신부 장관이 될 생각이 없다는 내 생각을 알리기 위해서라고 말하였으나 내 의사와 상관없이 분과위원회 미팅에서도 내가 1위 후보로 선정되었다. 김대환 위원장은 이제는 집에 돌아가 기다리라는 말을 하였다.

얼마 동안 나는 고려대학교 부총장 준비로 바쁜 나날을 보내고 있었다. 어느 날 나는 내 승용차로 퇴근하고 있는데 청와대에서 연락이 왔다. 상대는 자신을 누구라고 소개했다. 매스컴을 통하여 익히 알고 있던 인물이었다. "정보통신부 장관, 최종 확인차 전화를 했습니다." 나는 감사를 표하면서 정보통신부 장관을 맡을 수 없다고 말했다. 잘 기억은 나지 않지만 몇 가지 이유를 들었던 것 같다. 그 가운데 하나로는 이미 고려대학교 부총장직을 승낙했다는 것도 포함되어 있었다.

나는 그에게 한 가지 부탁을 했다. 장관직은 고사하지만 그 당시 내가 맡고 있었던 규제개혁위원회 위원장일은 새 정부에서도 계속 맡았으면 한다는 것이었다. 규제개혁은 새 정부에서도 계속해야 하고 위원장 임기가 법적으로 보장되어 있는 데다 1년의 임기가 남아있으며 이전 정부의 규제개혁과 연속성을 갖고 추진해야 성과를 내고 개혁이 뿌리를 내릴 수 있다는 것이 그 이유였다.

정보통신부 장관을 맡지 않겠다는 내 의사를 명확히 전달한 뒤 장관 인선은 다시 시작되었고 결국 장관 발표는 다른 부처에 비하여 늦어졌다. 노무현 대통령은 규제개혁위원회 위원장을 계속하여 내가 맡도록 했고 청와대에서 대통령 주재하에 대규모 규제개혁 회의도 열었다.

3

청와대에서 대통령 주재 규제개혁회의를 주관하다

규제개혁위원회는 법적으로는 대통령 직속 위원회였으나 총리와 공동위원장이고 규제개혁실 역시 총리실 소속이어서 실질적으로는 국무총리가 맡아왔다.

노무현 대통령은 규제계혁실을 대통령실로 가져왔다. 내가 주장하여 대통령 주재로 규제개혁 보고대회를 청와대에서 열었다. 나는 위원장으로 대통령 오른편에 앉아서 회의를 주관하였다.

지금도 노무현 대통령의 말이 생각난다. 내게 규제 총량을 물었다. 나는 처음에는 1만 5,000개 정도였으나 규제개혁위원회 노력으로 그 절반인 7,500개 정도로 줄었고 그 수준을 유지하고 있다고 답했다. 대

노무현 대통령 주재 제28회 '국정과제회의'에서 규제개혁위원회 보고, 고건 총리 겸 공동위원장 배석(2003년 11월 13일)

통령은 진보 성향의 정부는 일반적으로 규제가 늘어나는데 규제 수를 안정적으로 유지한 것은 대단한 성과라고 했다.

나는 총리 소속의 규제개혁실은 장기적으로는 독립해야 한다고 말했고 대통령도 지금은 과도적으로 총리 소속으로 되어있는 것으로 이해한다고 말했다.

노무현 대통령은 그 회의에서 '행정사' 제도의 도입을 또한 지시했다. 같은 고시인데 사법고시 합격생에게는 변호사 자격을 부여하면서 행정고시 합격생에게는 이런 제도가 없다는 것이 모순이라는 점을 지

청와대에서 규제개혁위원회 주재 중(2003년 11월 13일)

적하고 특히 행정고시 합격자들이 퇴직한 후 그들의 소중한 행정 경험을 민원인을 위하여 활용할 수 있는 방안으로 행정사 제도의 도입을 검토하라고 지시하였다. 대통령은 공단을 만들어서 행정사 자격을 갖춘 사람들이 민원인을 대신하여 저렴하게 민원을 대행해 주면 좋을 것 같다고 말했다.

나는 김대중 정부에서 1년, 노무현 정부에서 1년을 총리와 공동으로 규제개혁위원회 위원장으로 일하였다.

4

IPTV 법과 방송통신위원회 법안을 만들다

2005년 고려대학교 개교 100주년 행사가 끝났다. 행사 준비 등으로 너무 힘을 빼서 두 번이나 병원에 입원하였다. 행사가 끝나면서 나는 겨우 한시름 놓았다. 교무부총장 일이 바빠서 그동안 나는 정부 자문 등의 일을 거의 맡지 않고 있었다.

그러던 어느 날 청와대 경제정책수석인 김영주 수석이 내게 전화를 했다. 김영주 수석은 내가 김대중 정부의 전자정부특별위원회위원장으로 일할 때 청와대 기획비서관으로 특별위원회 공동실무위원장을 맡아서 부처 간 칸막이 제거에 많은 공을 세웠다. 친한 이의 전화여서 반갑게 받았다. "안 교수님, 이 제의는 거절하시면 안 됩니다. 정부에서 방송통신융합추진위원회를 만들었는데 VIP께서 교수님을 위원장으로 위촉하고 싶어 하십니다. 거절하지 마세요. 부탁합니다." 내가 정권 초기에 장관 제의를 거절한 것에 대한 이야기였다.

그는 IPTV 같은 새로운 먹거리가 신산업으로 등장하고 있는데, 방송위원회와 정보통신부 등 부처 사이의 기득권 싸움 때문에 한 발자국도 나갈 수 없다는 것, 그래서 융합추진위원회를 만들어서 해결하려고 한다고 설명해 주었다. 대통령이 내가 전자정부특별위원회 위원장으로 부처 사이의 업무 조정을 성공적으로 한 것을 기억하고 나에게 위원장을 부탁하는 것 같았다. 나는 더 이상 거절할 수 없어서 위원장직을 수락하였다. 이것이 노무현 대통령의 임기가 끝나기 2년 전 일이었다.

방송통신융합추진위원회는 전자정부특별위원회와는 많이 달랐다. 첫째, 정보통신부 장관, 문광부 장관, 방송위원장, 국무조정실장 등 장관급 네 명과 민간위원으로 구성되었으나 민간위원 수가 너무 많았다. 민간위원은 3개 부처로부터 추천을 받아서 위촉했다고 했다. 교수, 시민단체 활동가, 기업인 등 다양했는데 교수 몇을 빼고는 내가 아는 사람은 거의 없었다. 둘째, 사무국 직원은 국무총리실에서 파견했다. 국장 두 명과 실장급 한 명이 파견되었다. 실장과 국장 한 명은 총리실에서, 다른 한 명의 국장은 기획예산처에서 파견하였다. 직원 수도 특별위원회 때보다 많았다. 셋째, 전자정부특별위원회는 대통령 소속이었으나 융합추진위원회는 총리 소속이었다.

융합추진위원회 사무실은 청계천 수출보험공사 건물 6층에 자리 잡았다. 첫 회의부터 신경전이었다. 부처 추천위원인 민간위원들은 전의에 불타고 있었다. 특히 방송위원회 추천위원과 정보통신부 추천위원 사이에서 그런 분위기를 느낄 수 있었다.

나는 예전 내가 위원장을 했던 전자정부특별위원회와 완전히 다른 분위기에 고민했다. 예전의 나는 전자정부 '차르'였으나, 지금의 나는 잘해야 조정자에 불과하였다. 우선 위원장인 내가 사용할 수 있는 힘이 없었다. 우리나라 권력구조상 총리가 힘이 될 수는 없었다.

나는 이런 상황에서 IPTV 법안 마련을 제1차 목표로 제시하였다.

그리고 회의 운영도 전자정부특별위원회와는 다른 접근법을 사용하였다.

가장 중요한 것은 위원들이 자신의 소속을 떠나서 문제 중심으로 회의를 하도록 하는 분위기를 만드는 일이었다. 그러기 위해서는 충분한 의견 개진 기회를 주고 토론 시간을 여유 있게 가져야겠다고 생각하였다. 그리고 의견이 상이한 부분은 뒤로 밀고 의견이 같은 부분부터 정리하는 전략을 썼다. 회의가 한번 열리면 충분한 의견 발표가 있을 때까지 종회를 하지 않았다. 위원들이 지칠 때까지 토론을 벌였다.

간단하다고 생각하는 것부터 시작하였다. IPTV의 정의를 내리는 것은 비교적 간단하다고 생각하여 먼저 시작하였다. 그러나 이 간단한 문제도 몇 달이 걸렸다.

다음으로 IPTV의 특징도 합의했다. 기술적인 측면이기 때문이었다. IPTV의 정책 목표를 정하고 정책 수단을 마련하는 일부터 진도가 나가지 않았다. 이 단계에서 드디어 법률안의 성격에 대한 격렬한 토론이 벌어진 것이다. 방송위원회는 법률안이 규제 중심으로 만들어져야 한다고 주장하였고 정보통신부는 진흥 위주여야 한다고 주장하였다. 양보란 없었다. 왜냐하면 법률안의 성격에 따라서 부처의 파워가 정해지기 때문이었다.

예전에는 대통령의 힘을 빌려서 부처 사이를 조정했으나 지금은 그런 힘의 원천을 찾을 수 없었다. 합의에 도달하도록 회의를 리드하는 것이 최선이라 많은 시간이 흘렀다. 의견은 규제 기능과 진흥 기능을 모두 포함하는 새로운 거버넌스가 필요하다는 방향으로 모였다. 두 기능을 융합한 새로운 거버넌스에 대한 논의가 IPTV 법률안과 동시에 이루어지면서 논의는 진전을 보이기 시작하였다.

그런 가운데서 IPTV 법의 조속한 법제화를 요구하는 목소리가 커지고 있었다. 새로운 거버넌스가 만들어지면 IPTV 법은 문제 될 것이 없었다. 시간이 지나면서 법률안 초안이 보이기 시작하였다. 일단 초안이 만들어지자 진도는 빨라졌다. 그렇게 하여 IPTV 법률안을 만들어서 정부에 보냈다. 다행스러운 일이었다. 시급한 일을 마무리한 것이었다.

그러나 더 큰 이슈가 도사리고 있었다. 그것은 새로운 융합 거버넌스의 설계였다. 방송위원회 대표위원은 방송위원회 중심의 설계를 원했고 정보통신부 대표위원은 정보통신부 중심의 설계를 원했다. 토론은 한없이 맴돌았다.

시간은 흐르고 이대로 끝날 수도 있었다. 이때, 서울대학교 행정대학원 김동욱 교수가 기발한 아이디어를 냈다. 그것은 '독임제적 속성을 갖는 위원회'인 방송통신위원회를 새롭게 만들자는 것이었다. 위원회인 만큼 야당과 여당 그리고 대통령이 추천하는 다수의 상임위원을 두는 위원회 모습을 갖추되 위원장은 독임제 부처의 장관과 같이 임명 절차를 밟고 국무회의에 참석하는 한편 법률안 제정권도 준다는 것이었다. 이렇게 되면 정보통신부의 진흥 기능이 모두 새로운 기구에 흡수되어 사라지는 일은 없을 것이었다. 또 방송위원회는 그들이 주장하는 위원회 형식을 갖기 때문에 자신들의 규제 기능을 상당히 발휘할 수 있을 것이었다. 서서히 논의는 합의점을 향하여 전진했다. 그렇게 해서 새로운 융합조직인 방송통신위원회 법이 마련되었다.

이 과정에서 그때까지 정부 조직인 방송위원회와 민간 조직인 사무국의 이원 조직으로 운영하던 방송위원회를 새 조직에서는 원칙적으로 공무원 조직으로 통합하였다. 방송위원회의 사무국 직원을 일괄하여 공무원으로 임명하고 공무원으로 이직을 원하지 않는 사람은 새로 설치될 방송통신심의위원회의 사무국에서 근무토록 하였다.

몇 가지 해결되지 않은 문제가 남았으나 큰 테두리는 마련되었다. 새로운 방송통신위원회법을 정부로 이송하고 대통령 결재를 기다렸다. 그러는 사이에 선거가 있었고 이 문제는 우선순위가 뒤로 밀렸다. 그래서 융합추진위원회가 마련한 새로운 거버넌스는 법제화하지 못한 채 새 정부로 넘어갔다.

2007년 말, 나는 한덕수 총리에게 융합추진위원회 보고서를 들고 찾아갔다.

나는 요약 보고에서 새로운 방송통신위원회를 만들면 정보통신부가 사라져서 정보화 사회에 대한 대비가 막히는 일은 없을 것이라고 말하고 이 조직이 생기도록 노력해 달라고 말했다. 또, 보고서 말미에 문광부를 디지털콘텐츠진흥부로 이름을 바꾸고 문화콘텐츠 진흥에 정부가 올인한다면 앞으로 10년, 20년은 먹거리가 만들어질 것이라고 건의하였다.

총리는 나를 보고 “위원장님 기적을 이루셨습니다. 아무도 이런 성과를 내리라고 생각지 않았습니다. 수고하셨습니다”라고 말하였다.

융합추진위원회 활동은 그것으로 끝났다. 위원장 일은 정말로 힘들었다. 그렇지만 끝내 부처 간 장벽을 허물고 디지털 콘텐츠 진흥을 위한 첫발을 내딘 것이다. 나는 이 시기를 통하여 전자정부의 패러다임이 인프라 구축에서 디지털 콘텐츠 진흥으로 변하고 있다는 것을 느꼈다. 힘들었지만 그만큼 자부심을 느낀 시기였다.

김대중 대통령이 개화하고 노무현 대통령이 정착시킨 한국의 전자정부는 그 후 UN 전자정부평가에서 3연속으로 6년간 1위의 영예를 차지하였다.

5

노무현 정부, 전자정부를 꽃피우다

노무현 대통령은 자신이 컴퓨터 프로그램을 작성하고 청와대의 인터넷 업무관리 시스템인 ‘이지원(e지원)’의 소프트웨어 특허까지 출원하여 따내었다. 그는 전자정부에 대하여 남다른 식견과 관심, 애정을 가진 인물이었다.

대통령에 당선된 이후 그는 인수위원회 시절에 나를 특별히 불러서 김대중 대통령이 만들어서 성공한 전자정부특별위원회의 운영 방법을 인수위원회에서 특강하도록 하였다.

인수위원회 시절에도 전자정부 전문가를 따로 만나서 의견을 경청했다. 나는 이 자리에서 전자정부는 계속 발전시켜야 하며 특히 그 이유로 전자정부는 정보화 시대, 행정개혁의 거의 유일한 수단이라는 것을 강조하였다. 그래서 그런지 노무현 대통령은 전자정부의 주무부처를 정보통신부에서 행정자치부로 옮겼다. 노무현 대통령은 임기를 2년 남기고 내게 방송통신융합추진위원장을 맡겼다.

종합하면 노무현 대통령은 전자정부의 중요성을 누구보다도 깊이 이해하고 김대중 대통령의 전자정부 정책을 승계, 발전시켜 대한민국 전자정부의 꽃을 피게 했다.

6

전자정부 정착기 떠오르는 인물들

박선숙 위원

위원회를 마치면서 한 회의에서 융합추진위원회 위원인 박선숙 위원이 한 말이 생각난다. "회의가 돌파구가 없이 공전할 때도 위원장님께서는 실망하지 않고 끝까지 문제가 풀릴 때까지 진행하여 답을 얻어냈습니다. 위원장님의 인내심에 감탄했습니다."

회의가 길어지면 위원장인 나도 혼란에 빠졌다. 이런 때면 나는 박선숙 위원에게 도움을 청했다. "박 위원님, 논의를 정리해 주시지요." 그러면 언제나 산뜻하게 논의는 정리되었다.

나는 박선숙 위원의 요약 능력에 감탄하였다. 청와대 대변인은 아무나 하는 것이 아니라고 그때 생각하였다. 박선숙 위원은 김대중 정부 시절 청와대 명대변인이었다.

김병준 교수

김병준 교수는 노무현 정부에서 정책실장을 했고 교육부총리를 역임하였다. 내가 고려대학교 교무부총장으로 일할 때 자주 연락을 했고, 나를 많이 도와주었다.

고려대학교 100주년 행사에 노무현 대통령이 참석하여 축사를 해준 것도 김병준 교수의 노력 덕분에 가능했다.

김병준 교수를 통하여 나는 노무현 정부의 정책을 어느 정도 이해할 수 있었다. 그리고 노무현 대통령이 실용주의적 정책 철학을 가진 인물이라는 것도 알게 되었다.

노무현 대통령에게 지금도 감사하는 것은 이전 김대중 정부에서 시작한 전자정부를 이어받아서 31대 사업으로 확대하여 뿌리를 내리도록 하고 한국 전자정부를 정착시킨 것이다. 이것은 노무현 대통령 자신이 컴퓨터 프로그래밍을 스스로 할 정도로 컴퓨터 전문가였는 데다 새로운 정보화 시대가 도래하고 있다는 확신을 했기 때문이라고 생각한다.

이 시기 대통령 집무 책상에는 컴퓨터 모니터가 있었고, 대통령이 컴퓨터를 이용하여 국·실장에게 직접 정책 질문을 하면서 실시간으로 답을 받아서 일하였다. 공무원들의 컴퓨터 활용이 일상화된 시기였다.

노무현 대통령 이후, 대통령 집무실에서 컴퓨터 모니터링이 언제 사라졌는지 기억이 나지 않지만 지금은 잘 보이지 않는다. 전자정부를 구축한 사람으로서 아쉽게 생각한다.

여담으로 정보통신부 장관을 고사한 나에게 노무현 대통령은 정책실장이었던 김병준 교수를 통하여 중요한 자리를 제의하기도 하였으나 나는 교수는 강단을 지켜야 한다는 신념으로 사양하였다. 그 뜻이 받아들여진 것도 김병준 교수가 대통령 곁에 있어서 가능했던 일이라고 생각한다.

7

내실을 기하다

전자정부 숨 고르기

1

전자정부의 운영 기조가 변화하다

2008년 고려대학교 출신 이명박 대통령이 취임하였다. 나의 관심은 방송통신융합추진위원회에서 만들어서 이명박 대통령에게 승계한 방송통신위원회의 운명에 있었다.

외형상으로 방송위원회와 정보통신부가 사라지고 방송통신위원회가 새롭게 발족되었다. 큰 틀에서 위원회는 '독임제적 속성이 강하게 가미된 위원회'의 모습을 가졌다. 그러나 그 내용을 들여다보면 정보통신부는 분해되고 그 안에서 정보통신의 진흥 기능이 일부 방송통신위원회에 이관되어 명맥을 이어가게 되었다. 당초 융합추진위원회 안은 정보통신부를 그대로 새로운 조직에 이관하는 내용이었다.

전자정부는 행정안전부 소속으로 남아있었다. 통신과 관련된 일부 업무는 방송통신위원회에 남았고 그 외의 정보통신부 기능은 여러 부처에 넘어갔다.

이명박 정부의 전자정부 정책은 개발보다는 운영면에 중점을 둔 것 같았다. 새로운 전자정부 사업의 확대보다는 기존 전자정부 시스템의 효율적인 운영에 관심을 두었다. 전자정부특별위원회 등 기존 중앙정부 중심의 전자정부 추진체제는 사라졌다. 전자정부 추진이 숨 고르기에 들어간 것이다.

그리고 이때부터 정부 중심의 전자정부 추진이 민간과 정부의 협업 방식으로 바뀌고 포럼 형태의 거버넌스가 등장하였다. 전자정부 추진체제가 중앙 집중적 추진에서 부처 중심의 분산적 추진체제로 바뀌었다. 이 같은 전자정부 빙하기에 나는 여러 부처가 만든 포럼의 의장으로 전자정부 업무의 일관성을 유지하기 위해 노력하였다.

2

행정안전부 국가DB포럼 대표의장으로 국가DB 시대를 열다

이명박 정부는 전자정부 사업에서 신규 개발을 억제하고 다부처 중심의 분산개발운영 정책으로 전략을 바꾸었다.

전자정부는 행정안전부 업무로 정리되어 있었다. 행정안전부는 전자정부 운영에서 데이터의 중요성을 인식하고 민간이 주도하는 국가DB포럼을 만들어 정책을 이끌었다. 나는 대표의장에 위촉되었다.

포럼은 대표의장 1인과 공동의장 12인으로 구성하였다. 대표의장은 내가 맡고 공동의장인 당연직 의장으로는 한국지능정보사회진흥원(National Information Society Agency, NIA) 원장, 한국전자통신연구원(Electronics and Telecommunication Research Institute, ETRI) 원장, 한국인터넷진흥원(Korea Internet&Security Agency, KISA) 원장이 있었고 NHN 대표

이사, 삼성SDS 대표, 티맥스소프트 대표 등 기업인과 교수 등이 참여하였다. 행정안전부 정보화전략실장도 공동의장으로 참여하였다.

운영위원으로는 행정안전부 정보자원정책과장, 국토해양부 정보화통계담당관, 산림청 정보통계담당관, 서울시 정보시스템담당관, 문화체육관광부 디지털콘텐츠산업과장, 기획재정부 지식예산편성과장, 행정정보공유추진단과장 등 다양한 부처의 과장들이 참여하고 있었다.

당시 NIA에 국가DB사업부를 설치하고 포럼을 지원하였는데 이명박 정부에서는 이 포럼이 실질적으로 전자정부를 이끌었다. 포럼에는 4개의 분과가 있었다. DB기획분과, 표준품질분과, 공유활용분과, 법제도분과였다. DB생성보다는 기존 공공 데이터 활용을 높이는 정책이었다.

이 포럼을 통하여 국가DB의 중요성이 인식되었고 공공 데이터의 활용을 촉진하는 여러 정책이 나왔다. 이 정책은 박근혜 정부의 정부3.0에 많은 부분이 승계되었다.

그러나 이 시기에는 새로운 전자정부 시스템 개발에 거의 투자를 하지 않았다. 그 결과는 다음 정부의 부담으로 나타났다. 이전 정부의 전자정부 정책의 성과로 연속 6년간 1위를 기록한 UN 전자정부평가는 3위로 떨어졌다.

3

방송통신위원회의 정책고객대표자회에서 정보통신 업무를 자문하다

정보통신부가 사라지고 방송통신위원회가 생기면서 정보통신부 업무 중 일부가 방송통신위원회 소속이 되었다.

방송통신위원회 소속이 된 과거 정보통신부 공무원들은 정보통신부의 진흥 업무를 지키기 위하여 노력하고 있었다. 그들은 민간과의 협업을 목적으로, '정보통신정책고객대표자회의'를 만들어서 내게 의장을 위촉하였다.

이 회의에는 당시 우리나라의 소프트웨어, 데이터, 클라우드, 네트워크 등에 종사하는 기업의 대표자들이 위원으로 참여하였으며 미래를 준비하는 정책 제시와 함께 민간 부문의 애로사항을 정부에 건의하는 일을 하였다.

정보통신부가 사라진 공간에서 이 회의는 민간과 정부를 연결하는 대단히 중요한 역할을 하였다. 방송통신위원회도 이 회의의 건의를 많이 받아서, 중단기 정책 수립에 활용하였다.

정책고객대표자회의는 박근혜 정부에서 미래창조과학부로 넘어갔고, 나는 박근혜 정부에서도 계속하여 정책고객대표자회의 의장을 맡았다.

4

제6회 대한민국 인터넷대상을 수상하다

2010년 나는 대한민국 인터넷대상 개인공로상을 수상하였다. 방송통신위원장이 수여하는 상이었다.

한국 최초로 데이터 통신망을 홍릉과 광화문에 설치하여 성공한 것, 한국 최초로 패킷망을 소개한 것, 무선 인터넷의 시조인 미국의 ALOHA 시스템 연구원으로 연구하고 한국에 소개한 것, 전자정부구축을 통하여 인터넷 이용 및 보급에 기여한 점 등이 공적으로 고려되었다.

5

문화체육관광부의 포럼들로 디지털 문화콘텐츠 진흥을 선도하다

이 시기 흥미로운 것은 예전에 융합추진위원회에서 건의한 문화콘텐츠 진흥 기능이 문화체육관광부를 중심으로 활성화되고 있었다는 것이다. 융합추진위원회에서 건의한 문화콘텐츠 진흥 정책은 살아있었다. 나는 문화체육관광부의 미래전략포럼 위원장에 위촉되어 디지털 문화콘텐츠 정책 수립을 도왔다.

디지털 문화콘텐츠 진흥에서 저작권의 역할이 중요함을 인식하고 문화체육관광부와 한국저작권위원회는 저작권상생협의체를 만들고 상생포럼을 만들었다. 나는 포럼 의장이 되었다. 포럼에서는 저작권법을 대상으로 새로운 디지털 시대에 맞지 않은 조항을 분석하여 대안을 마련하였다. 판사 출신인 성균관대학교 이해완 교수가 열심이었고 큰 기여를 하였다.

6
공유저작물 창조자원화포럼에서 저작물 창조자원화 전략을 짜다

나는 디지털 시대에 디지털콘텐츠가 진흥되려면 저작권을 공유하여 자유롭게 사용할 수 있는 제도 마련이 시급하다고 생각하였다.

문화체육관광부가 공유저작물 창조자원화포럼을 만들었다. 나는 의장에 위촉되었다. 공유저작물은 공공기관이 창작하거나 취득하여 관리하는 저작물, 저작자가 스스로 자유 이용을 허용한 저작물, 저작권 보호기간이 만료된 저작물로 일정한 조건을 충족하면 자유롭게 콘텐츠를 사용할 수 있는 저작물을 말한다.

이들 저작물은 일반적으로 'CC'라는 기호로 표시한다. CC는 'Creative Commons'의 약자인데 저작권 보호를 받는 저작물인 카피라이트(copyright)와 구별하여 공유 저작물을 카피레프트(copyleft)라고 부르기도 하였다. 외국에서는 CC가 이미 활성화되어 있었다.

나는 공유저작물 창조자원화포럼의 의장으로, 공유저작물 풀을 확대하고 국민이나 개인이 이 저작물을 이용하여 창작 활동을 하도록 권장하는 일을 했다.

공유저작물의 대부분은 문화예술 분야의 것으로 디지털 문화콘텐츠 진흥을 위해서는 반드시 진흥해야 하는 정책이었다. 우리 포럼의 활동으로 한국의 고유 문양 등을 이용하여 새롭게 디자인하여 기업화에 성공하는 기업도 등장하였다. 이 포럼에서는 판사 출신인 윤종수 변호사가 큰 역할을 했다. 나는 포럼 활동을 통하여 디지털콘텐츠가 활성화되는 계기를 마련하였다.

7

국가초고성능컴퓨터 활용 및 육성에 관한 법률을 만들다

1980년대 성기수 박사와 나의 노력으로 한국에 슈퍼컴퓨터가 기적적으로 설치된 이야기는 앞에서 소개한 바 있다.

슈퍼컴퓨터의 정의는 특정 시점에서 가장 성능이 좋은 컴퓨터이다. 컴퓨터 세계에는 기술 진보가 존재한다. 시간이 지나면 성능이 더 좋은 컴퓨터가 계속하여 등장한다. 시간 경과에 따라서 컴퓨터의 성능이 급격히 좋아진다는 '무어의 법칙', '황의 법칙'이라고 부르는 현상이 존재한다. 그래서 지속적인 투자가 없으면 특정 기관의 '슈퍼컴퓨터'는 시간이 지남에 따라 보통 컴퓨터가 되고 만다.

지금도 그렇지만 1990년대에도 선진국에서는 신약 개발, 자동차의 디자인설계, 기상예측 등 많은 분야에서 경쟁적으로 슈퍼컴퓨터를

슈퍼컴퓨터 5호기 개통식 및 슈퍼컴 도입 30주년 기념식, 중앙에 저자(2018년 11월 7일)

사용하고 있었다. 한국도 경쟁에서 지지 않기 위해서는 특별한 조치가 필요하였다. 미국은 이런 상황을 개선하기 위하여 고성능 컴퓨팅법(High Performance Computing Act, HPC)을 만들었다. 일명 슈퍼컴퓨터법으로 부르는 이 법에서 슈퍼컴퓨터 관련 예산을 자동으로 상정하고 신속히 통과되도록 하였다. 슈퍼컴퓨터의 전략적 중요성을 인정한 정책이었다. 나는 그 법과 유사한 법을 한국에서도 제정해야 한다고 생각하였다.

한국과학기술정보연구원(Korea Institute of Science and Technology Information, KISTI) 슈퍼컴 센터는 나에게 미국의 HPC 법을 연구하여 우리나라의 HPC 법률안 초안을 마련해 줄 것을 의뢰하였다. 국회의원 가운데서 우리의 노력에 동참하는 사람들이 나왔다. 정두언 의원과 김영선 의원이 적극적으로 도와주었다. 이들은 이 법을 의원입법으로 발의하였고 국회를 통과하였다. 이 법의 정식 명칭은 '국가초고성능 컴퓨터 활용 및 육성에 관한 법률'이다. 이 법에서 정책 시뮬레이션이 필요한 부처는 슈퍼컴퓨터를 활용하여 정책을 수립하도록 의무화하였다. 그러나 유감스럽게도 예산 자동 상정 및 결정 항목은 국회 심의 과정에서 사라져서 반쪽 법률이 되었다.

8

교통선진화자문위원회에서 교통시스템 선진화를 도모하다

이명박 정부는 국가경쟁력 강화를 중시하여 국가경쟁력강화위원회를 설치하여 운영하면서 낡은 제도 관행 등을 고쳐 국가경쟁력을 높이는 것을 목표로 하였다. 일종의 행정개혁위원회였으나 그 범위는 넓었다. 2대 위원장으로 강만수 위원장이 취임하면서 활성화되었다. 강만수 위원장은 서울시정개발연구원 원장을 했고 나는 비상근이사로 자주 만났다. 그는 항상 아이디어가 넘쳤고 추진력이 뛰어났다.

강만수 위원장은 우리나라의 교통 시스템을 선진화해야 한다고 주장하였다. 그래서 산하에 교통선진화자문위원회를 설치하고 나에게 위원장직을 부탁하였다. 양택식 시장 시절부터 교통정책에 관심을 갖고 지켜본 나였기에 위원장직을 수락하였다.

간사는 국가경쟁력강화위원회 법제도 단장인 정선태 검사가 맡았다. 위원으로는 경찰청 교통국장과 국토부와 서울시의 고위공무원 등과 함께 민간인 전문가가 위촉되었다. 자문위원회에서는 선택과 집중으로 몇 가지 문제에 집중하였다.

첫째, 보행자 우측통행 제도의 도입이었다. 둘째, 교차로에서의 차량의 진입 순서를 '직진 후 좌회전'으로 바꾸는 일이었다. 셋째, 회전교차로의 도입이었다. 넷째, 교차로 신호등을 세계 표준으로 바꾸는 일이었다. 교통 시스템을 바꾸는 일은 보통 어려운 일이 아니었다.

보행자 우측통행 제도의 정착

보행자 좌측통행은 일제강점기 때부터 만들어진 제도로, 이것을 우측통행으로 바꾸는 일은 우리의 관행을 바꾸는 일이었기 때문에 무엇보다도 국민들의 호응을 얻어야 했다. 보행자 좌측통행은 일제의 잔재이고 우측통행을 채택하는 것은 일제 잔재를 청산하는 일이라는 논리를 폈다.

다행히 국민들이 호응을 해주어서 정책으로 채택할 수 있었다. 우측보행 도입에 따라서 손봐야 하는 시설도 많았다. 지하철의 에스컬레이터도 상행과 하행의 위치를 바꾸어야 흐름이 끊기지 않았다. 자문위원회에는 경찰청 교통국장이 참여하고 있었고 서울시 국장 등도 참여하였는데 이들의 적극적인 호응으로 이 정책은 시간이 지나면서 자리를 잡아갔다.

직진 후 좌회전 제도의 정착

교차로 신호등은 그때까지는 좌회전 후 직진이었다. 자문위원회는 이것을 직진 후 좌회전으로 바꾸는 아이디어를 채택하였다. 이 아이디어는 강만수 국가경쟁력강화위원회 위원장의 강한 의지로 시작되었다. 나는 시뮬레이션을 통하여 새로운 신호 시스템이 교통흐름을 향상시킨다는 것을 보여주어 설득하였다. 문제는 예전 신호등에 익숙한 운전자들에게 새로운 시스템에 적응하도록 하는 방법이었다. 그래서 교차로마다 '직진 후 좌회전' 등 표지판을 달았다. 이 제도도 경찰청의 도움으로 순조롭게 정착되었다.

회전 교차로의 설치

신호등이 없는 교차로에서 교행하는 방법은 미국식과 프랑스식이 있다. 미국식은 모든 차량이 일단정지를 하고, 먼저 도착한 차에 우선순위를 부여하는 방법이다. 이 방법은 경찰이 일단정지 여부를 철저히 단속하면 효과를 얻을 수 있으며 미국에서는 효과적으로 운영되고 있다. 프랑스식은 교차로에서 둥근 원형의 회전로를 만들고 차량이 회전 교차로를 통하여 원하는 방향을 찾아가도록 하는 방식이다. 이 방법은 프랑스에서 많이 사용하고 있었다.

우리나라도 미국식을 써보았으나 일단정지 지키기와 먼저 도착한 차량에게 우선권을 주는 방식에 운전자들이 익숙하지 않아 사고가 많이 났다. 그래서 우리나라에서는 사고 예방을 위하여 교통량이 적은 교차로까지 신호등을 설치하였다. 차량 통행이 거의 없는 교차로에서 신호를 기다리면서 서있다 보니 시간 낭비가 많다는 문제점에 대한 개선이 필요하였다.

그래서 자문위원회에서는 프랑스식 회전 교차로를 도입하기로 하였다. 프랑스에 시찰단을 보내서 자료를 수집하고 회전 교차로 설계 도면을 지방자치단체에 보냈다. 성과가 있었다. 운전자의 호응도 좋았다. 회전 교차로는 지금도 꾸준히 증가하고 있다.

교통신호 시스템의 선진화 노력과 아쉬운 성과

교통신호 시스템은 3색 시스템과 4색 시스템이 있다. 3색 시스템은 미국식이고 4색 시스템은 한국식이다

3색 시스템의 신호등은 붉은색, 파란색, 노란색이다. 파란색이면 직진, 좌회전, 우회전이 모두 가능하고 붉은색은 정지신호, 노란색은 전환점의 신호다. 미국식에서는 파란 신호에서 좌회전이 가능하지만 직진이 우선권을 갖는다. 한국식은 파란 신호에서는 직진만 가능하고 좌회전을 하려면 좌회전 신호가 있어야 한다. 그래서 4색 신호 시스템에서는 좌회전 신호등이 추가된다. 좌회전은 좌회전 신호에서만 가능하다.

문제는 세계화로 인해 한국인이 미국 등 3색 신호등 국가에서 운전할 일이 많아지고 있다는 점이었다. 특히 파란 신호에 좌회전하는 것이 익숙지 않아서 나도 미국에서 운전할 때 어려움을 겪은 바 있었다.

위원회에서는 한국 신호등을 미국 등 국제 표준에 맞도록 바꾸는 작업을 하였다.

시범 교차로를 지정하여 운영했다. 그런데 새 시스템에 익숙지 못한 탓에 좌회전 차가 직진 차와 충돌하는 사고가 발생하였고 신문은 이것을 대서특필하였다. 새 제도에 대한 국민의 지지도가 급속히 식어가면서 결국 이 제도는 폐기되었다. 그러나 신호체계를 세계적 표준에 맞추는 일은 언젠가 반드시 해야 할 일로 보인다.

다행히 교통자문위원회의 이런 노력으로 미국식 신호체계의 기반인 비보호 좌회전 제도가 한국에서도 널리 이용되기 시작하였다.

9

프랑스 문화예술공로훈장을 받다

2008년 한 통의 편지를 받았다. 프랑스어로 된 편지였다. 프랑스 정부에서 나에게 문화예술공로훈장(Légion d'honneur Officier)을 수여한다는 내용이었다.

나는 기억을 더듬어봤다. 주한 프랑스 대사관에는 로익 파스칼이라는 외교관이 있었는데 프랑스 행정학교 출신으로 유능해 보였다. 그는 내가 주관하는 디지털 문화콘텐츠와 전자정부 관련 회의나 특강에 빠지지 않고 참석했다. 프랑스 문화예술공로훈장은 그가 귀국하여 추천한 듯했다.

프랑스 문화예술공로훈장을 받고 필리프 티에보 프랑스 대사와 함께(2008년 11월 5일)

나는 오래전부터 대학교육협의회를 도와주고 있었다. 칼럼도 쓰고 강연도 주기적으로 해왔다. 고려대학교 부총장 시절, 한국대학교육협의회에서 연락이 왔다. 프랑스 대학교육협의회 초청으로 파리에 가는데 대표단 일원으로 함께 가자는 것이었다. 당시 우리 일행을 서울부터 안내하는 사람이 파스칼이었다. 프랑스 외교부의 초청이구나 하고 나는 생각하였다.

파리에 도착하여 파리 소르본대학교 캠퍼스에서 미팅을 했고 중요한 협약을 맺었다. 양국 간 복수 학위를 인정하자는 것이었다. 대학 간 협정을 통하여 한국 대학과 프랑스 대학 간 학점을 서로 인정하고 필수 학점을 양 학교에서 따면 한국과 프랑스 양국의 학위를 모두 딸 수 있도록 하는 획기적인 내용이었다.

그리고 우리 일행은 프랑스 외교부 직원의 안내로 파리의 외국인 기숙사 단지를 방문하였다. 외교부 직원은 이 단지에 한국관이 없다고 아쉬워했다. 부지는 프랑스 정부가 무상으로 주기 때문에 돈도 많이 들지 않을 것이라는 점도 상기시켰다. 아프리카의 빈국도 그곳에 기숙사가 있다는 귀띔이 있었다.

우리 일행이 파리에 머무는 동안 노무현 대통령이 프랑스를 공식 방문하고 있었는데 소르본대학교에서 강연 일정이 잡혀 있었다. 나는 그 강연에 참석하여 노무현 대통령의 연설을 들었고 티타임에서 한국과 프랑스 대학교육협의회 사이의 협약 내용 등을 전했다. 노무현 대통령은 대단히 기뻐하였다.

나는 귀국하여 파리에 한국 학생을 위한 기숙사 건립을 추진하도록 정부를 설득하기 시작하였다. 국회 교육상임위원회 수석전문위원으로 있는 고려대학교 제자의 노력으로 파리 외국인 기숙사 단지 내 한국관 건축 예산이 몇 차례 국회심의까지 올라갔으나 마지막 예산심의 단계에서 제외되었다. 다행히 박근혜 정부 시절, 박근혜 대통령의 지시로 기숙사 건설이 이루어졌다.

이런 인연으로 프랑스 정부는 나에게 문화예술공로훈장을 준 것 같았다. 수여식은 주한 프랑스 대사관에서 대사가 직접 내게 수여하였다.

공적 조서에는 내가 한국 전자정부 구축에 기여하고, 디지털 문화 콘텐츠 진흥에 기여한 업적 등이 들어있었다. 수여식에는 어윤대 고려대학교 총장 부부도 참석하였다.

10

서울시정개발연구원에서 서울시 행정을 돕다

나는 서울시와 인연이 깊다. 20대인 1960년대에는 서울시정 자문위원이었고 미국에 유학을 간 1971년까지 서울시 교통연구단 연구위원으로 서울시정을 도왔다.

1981년, 나는 KIST 연구원 생활을 접고 고려대학교 행정학과 교수가 되었다. 고려대학교에서 나는 여러 과목과 함께 도시행정을 강의하면서 자연스럽게 서울연구원의 연구를 돕고 자문을 했다. 서준호 원장 시절부터 비상근이사로 서울연구원을 도왔다. 당시 이사장은 나의 서울상대 스승이었던 변형윤 교수였다. 오랜만에 함께한 시간은 즐거웠다.

1998년에 들어서는 서울시 행정개혁위원 겸 실무위원장으로 고건 시장을 도와서 행정개혁을 했다. 어려운 시기에 많은 고생을 했다. 1999년 후반부에 연구년을 얻어 미국에 머무르던 중에 고건 시장이 내게 전화를 해서 서울시정개발연구원장직을 제의했다. 고려대학교에서 할 일이 많아서 그 제안을 거절했지만 비상근이사직은 계속하여 맡았다.

이명박 대통령 시절, 서울시장은 오세훈이었다. 안병만 서울시정개발연구원 이사장이 교육부총리로 자리를 옮겼다. 나는 오세훈 시장에게 요청을 받고 안병만 이사장 후임으로 서울시정개발연구원 비상근이사장이 되었다.

서울시정개발연구원 비상근이사장으로 일하면서 인상에 남은 기억은 서울연구원이 오랜 숙원이었던 멋진 독립 건물로 이사한 것이다.

사실 이 건물도 나와 조금의 인연이 있다. 1998년 내가 서울시 행정개혁위원회 실무위원장으로 일할 때 나는 서울시가 인재양성을 해야 한다는 것을 강조하였다. 그 구체적인 방안으로 서울시립대, 서울연구원, 서울시 공무원교육원이 한 장소, 또는 가까운 장소에 위치하면서 인적 교류를 해야 한다고 건의하였다. 당시 서울연구원은 남산의 과거 안전기획부 건물에 입주해 있었다. 대안은 서울시 공무원교육원이 있는 지금의 자리로 옮기는 것이었다. 꾸준한 논의를 거쳐서 서울연구원은 현재 위치에 자리를 잡았다.

이사장 시절, 나는 자주 연구원을 찾아서 멋진 건물을 즐겼고 우수한 연구원들과 많은 대화를 나누었다.

서울시 광장위원장으로 광화문, 청계, 서울광장의 기능 정립

2009년 오세훈 시장 때였다. 나는 서울시 자문위원으로 시장의 개혁을 돕고 있었다. 오세훈 시장은 젊은 패기로 급진적인 구조조정을 하면서 내부 직원으로부터 정책 아이디어를 듣기 위하여 무대를 만들고 경진대회를 열었다. 요즘 인기를 끌고 있는 트로트 경연대회처럼 일반 시민을 상대로 아이디어 경진대회를 열기도 하였는데 나도 심사위원으로 참여하였다.

오세훈 시장은 광화문의 넓은 길을 줄이고 거기에 광장을 만드는 획기적인 계획을 세우고 진행하였다. 지금 우리가 보는 광화문 광장의 기본은 오세훈 시장이 만든 것이라고 보면 된다. 이순신 장군과 함께 세종대왕 좌상도 모셨다. 좌상의 크기와 모양, 위치 등을 두고 많은 의견이 있었고 오세훈 시장은 위원회를 만들어서 의견을 듣고 결정하였다.

복원을 끝낸 청계천에도 동아일보사 앞에 미니 광장을 만들고 서울시청 앞의 넓은 도로도 줄여서 광장을 만들었다. 이렇게 하여 서울에는 광화문 광장, 청계 광장, 서울 광장의 세 광장이 등장하였다. 이들 광장의 이용을 둘러싸고 시민단체 사이에 광장의 성격과 이용 절차 등에 대하여 여러 가지 의견이 나왔고 갈등 또한 많았다.

오세훈 시장은 열린시민광장위원회를 만들어서 이 문제를 해결하려 하면서 나에게 위원장직을 위촉하였다. 나는 먼저 이들 광장의 기능과 역할을 정의해야 한다고 생각하였다. 그 후에 이용을 위한 기준과 절차를 만들면 될 것이었다. 나는 시장을 설득하여 세종문화회관에서 대규모 토론회를 열었다. 그리고 서울시정개발연구원의 여혜진 박사에게 외국의 사례와 한국의 적용 가능성을 발표토록 부탁하였다.

NGO 단체도 초청하여 이들의 의견을 듣고 일종의 끝장 토론을 했다. 결론은 광화문 광장은 국가 광장으로 하고, 청계 광장은 지자체에 개방하여 지역문화 특산물을 전시하는 지역문화 광장으로, 서울 광장은 서울시민이 다양한 용도로 이용하는 장소로 정의를 내렸다. 광장의 사용허가 신청절차 등을 둘러싸고 논쟁이 있을 때마다 광장위원회가 중심이 되어서 문제를 해결했다.

그 후 이들 세 광장은 한국의 정치 문화의 중심지로 한국 역사에서 중심역할을 하고 있다. 서울의 광장 문화는 오세훈 시장의 공로가 크다고 나는 생각한다.

11

한국물포럼 부총재로 제5차 세계물포럼대회에 참석하다

어느 날, 한승수 전 UN 총회의장으로부터 연락이 왔다. 새롭게 총재를 맡게 된 한국물포럼의 부총재를 맡아달라는 것이었다.

부총재는 세 명이었다. 다른 둘은 중앙일보의 문창극 논설위원과 박은경 YWCA 대표였다. 나는 고려대학교에서 환경행정론을 강의하면서 물 관리의 중요성을 알고 있었다. 흔쾌히 동의하고 참여하였다.

당장에 시급한 일은 이스탄불에서 열리는 세계물포럼(World Water Forum, WWF)에 참가하는 일이었다. 한국 정부에서는 대규모 참가단을 만들었다. 단장은 한승수 총재가 맡고 국토해양부, 환경부, 외교통상

부 차관과 나와 박은경 부총재가 참가하였다.

제5차 세계물포럼대회는 2009년 터키 이스탄불에서 열렸다. 192개국 3만 3,000명이 참석하였다. 15개국 국가수반과 190여 명의 장차관급 인사가 참가하였다.

나는 이 대회의 거버넌스 세션에서 한국의 물 관리 정책의 역사를 발표하였다. 농업에서 천수답을 농경지 정비와 농수로 건설로 없앤 이야기, 청계천 슬럼 지구를 도심공원으로 만든 이야기, 한강 홍수방지시설 이야기 등을 발표하였다. 그리고 물 관리는 물 관리를 위한 최고의사결정권자의 의지와 함께 물 중심의 강력한 거버넌스가 필요함을 역설하였다. 특히 첨단 정보통신기술(Information and Communication Technology, ICT)을 거버넌스에서 적극적으로 활용해야 한다고 강조하였다.

내 발표에 대하여 개발도상국 대표들이 큰 관심을 보였다. 박은경 부총재는 여성 회의에서 기조 연설을 했다.

한승수 총재는 한국이 제7차 세계물포럼대회를 유치할 의향이 있음을 발표하였다. 귀국 후 한승수 총재는 국무총리가 되었고, 한국물포럼 총재는 박은경 부총재가 맡았다. 박은경 총재의 노력으로 한국은 제7차 세계물포럼을 성공적으로 유치했다. 제7차 세계물포럼대회는 경주에서 박근혜 대통령 참석하에 성대하게 열렸다.

12

한국지역정보개발원 비상근이사장을 맡다

2010년 교수 정년 후 나는 한국지역정보개발원(Korea Local Information Research & Development Institute, KLID) 비상근이사장으로 전자정부를 이끌었다. KLID는 자치단체의 전자정부를 지원하고 운영하기 위하여 만든 조직이었다. 광역자치단체 부단체장을 당연직 이사로 하고, 민간전문가 몇 명으로 이사회를 구성하였다. 간사는 행정안전부 전자정부 실장이 맡았다.

KLID는 내가 이끌었던 전자정부 11대 사업과 인연이 있다. 11대 사업의 핵심인 G4C(Government for Citizens) 사업은 기관 사이의 데이터 연결과 공유가 성공의 고리였다. 특히 원거리에서 주민등록 등을 발급하고 자동차 관리업무, 부동산 관리업무 등을 서비스하기 위해서는 자치단체 사이의 데이터 공유가 필수였다. 11대 사업에 지역정보연계사업(Local Information Network System)이 들어간 이유이다. 이 사업을 통해서 자치단체의 데이터와 서비스를 유기적으로 연결할 수 있었다.

제도적으로 지자체 전산 장비는 지자체가 운영하도록 되어 있었다. 가장 문제가 된 것이 백업 시스템이었다. 그러기 위해서 통합운영자원센터를 만들어야 했다. 이 문제의 해결을 위하여 지자체들이 자체적으로 조합을 만들어서 운영하였다. 지역정보화조합이 탄생한 것이다. 그것은 2003년 일이었다. 후에 KLID 초대원장으로 취임한 김병호 씨가 조합을 이끌었다. 나는 그때부터 조합을 도왔다.

그러나 조합은 권한과 책임 면에서 한계가 있었다. 김병호 조합장과 나는 조합을 격상하는 방안을 연구했다. 그것이 KLID 설립이라는 결과로 나타났다.

드디어 2008년 1월에 창립총회를 가졌다. KLID 창설에는 김병호 초대 원장의 공이 컸다. 나는 초대 비상근이사장에 취임하였다.

같은 해 8월에 정택현 원장이 취임하여 조직과 회계 그리고 인사 정책을 마련하기 시작하였다. 나는 이사회 운영 방식을 개선하였다. KLID 이사회는 광역자치단체의 부단체장을 당연직으로 구성하여 이사회를 열기가 어려웠기 때문에 대부분의 안건을 서면결의로 처리하고 있었다. 나는 민간인 이사를 중심으로 소위원회를 만들어서 일차적으로 심의하고 그 결과를 전체 이사회의 서면 심사에 올리도록 하였다. 이 제도는 지금까지 잘 운영되고 있다.

내가 이사장으로 있는 동안에 KLID는 숙원이었던 독립건물을 건축하게 되었다. 그때까지는 청계천에 있는 삼일빌딩을 빌려서 사용하고 있었는데 비가 오면 천장에서 물이 떨어져서 대야를 놓고 근무하는 것도 본 적이 있었다.

독립청사 계획은 정택현 원장 때부터 시작되었다. 상암동에 청사 위치를 정하고 본격적인 작업을 한 것은 정창섭 원장 때였던 것으로 기억한다. 마지막 준공식 등 맺음은 손연기 원장이 맡았다. 나는 이 모든 과정을 이사장으로서 지켜보고 지원하였다.

코로나19 사태 때, KLID는 보유한 데이터와 장비를 이용하여 재난 지원금 행정과 백신접종 등에서 큰 역할을 담당하였다. 이제 KLID는 한국 전자정부에서 없어서는 안 될 존재가 되었다. 내가 초창기 이사장으로 기틀 마련에 기여한 것을 자랑스럽게 생각한다.

13

전자정부에 내실을 기하다

이명박 대통령은 취임 후 정보통신부를 해체하고, 전자정부 사업을 확대하지 않았다. 그래서 전자정부를 전공하는 학자들은 이명박 대통령을 인색하게 평가한다. 그러나 서울시장 재직 시 그는 서울시 정보화 기구를 확대하는 등 노력을 하였다. 특히 주요 업적으로 평가받는 버스 전용 중앙차선과 버스-지하철 환승 시스템 개발에서 ICT 기술을 사용하였고, 전자정부기술을 응용하였다. 이것을 보면 이명박 대통령이 전자정부에 대하여 전혀 무관심한 것은 아닐 것이라고 나는 생각한다. 새로운 전자정부 사업을 하기보다는 내실을 기했다고 보는 편이 나을 것 같다. 이명박 대통령 시기에는 디지털콘텐츠 진흥 정책에서 상당한 진전이 있었다. 특히 문체부와 저작권위원회를 통한 진흥 정책이 활발하였다. 나는 이 두 부처가 만든 여러 포럼에서 의장을 맡아서 디지털콘텐츠 진흥을 도왔다.

이렇듯 이명박 대통령 시기는 전자정부 추진 과정에서 숨 돌리는 시기였다. 김대중 대통령에서 시작한 한국의 전자정부 사업은 노무현 대통령을 거치면서 급성장했다. 그 뒤를 이은 이 시기는 열기를 쿨 다운(cool down)시킨 시기라고 보인다.

중앙정부 중심, 대통령 중심의 전자정부 추진체제가 부처 중심, 민간 중심으로 패러다임이 바뀐 것도 이때였다.

나는 방송통신위원회의 정책고객대표자회의 의장으로, 행정안전부의 국가DB포럼 의장으로, 문체부의 지적재산권 상생체 의장으로 각 부처의 전자정부를 지켰다. 전자정부에 대한 새로운 투자는 없었으나 여러 부처의 노력으로 전자정부는 중단없이 운영될 수 있었다.

8

미래 비전을 향하여

전자정부의 부활

1

'소통·공유·협업'의 정부3.0 틀을 만들다

2013년 박근혜 대통령이 취임하였다. 정부가 바뀌었으니 정보통신부가 어떤 형태로든지 부활해야 한다는 여론이 크게 일었다. 새 정부는 이명박 대통령 시기에 사라진 과학기술부와 정보통신부를 합친 미래창조과학부를 만들었다. 정보통신부 입장에서는 절반의 부활이었다. 전자정부는 행정안전부가 계속하여 맡았다. 행정안전부에는 정부혁신실과 전자정부국이 설치되었다. 박근혜 정부가 내세운 행정개혁 정부혁신의 슬로건은 '소통·공유·협업'의 '정부3.0'이었다.

어느 날 행정안전부에서 전화가 왔다. 나를 정부3.0 민간자문단장으로 위촉하겠다는 내용이었다. 전자정부는 정부혁신 행정개혁이 뒷받침되어야 하는데 정부3.0이 이 일을 할 수 있을 것 같았다. 나는 수락했다.

맡아서 보니 정부3.0은 형식적으로는 행정안전부 소속의 위원회였으나 내용상으로는 청와대 직할 위원회였다. 대통령의 관심이 아주 큼을 알 수 있었다. 위원은 학계 아홉 명, 연구기관장 네 명, 민간기업 여덟 명, 언론기관 두 명으로 구성되었다. 행정안전부 정부혁신실장이 간사였다. 정부3.0은 박근혜 정부의 개혁 패러다임이고 정부3.0 민간자문단은 이 정책을 추진하는 추진체였다.

박근혜 정부는 대규모 정부조직 개편을 하는 하드웨어적 개혁 대신에 일하는 방식의 개혁, 즉 '소프트웨어적 개혁'에 치중하였다. 방향은 정부 주도의 정책을 민간 주도로 다시 환원하는 것이었다. 민간의 창의가 발휘될 수 있도록 정부 부처 사이에 그리고 정부와 민간 사이에 정보 공유, 소통, 협업을 제도화하는 것을 목적으로 하였다. 근본 취지에 동의를 했기 때문에 나는 열심히 도왔다.

정부3.0의 정책 수단은 기본적으로 '당근'이었다. 부처별 경진대회, 범정부 차원의 보고 경진대회 등을 통하여 민간의 창의적인 아이디어를 모집하고 이것을 정책화하였다. 정부3.0 민간자문단이 이 일에 함께했다. 이 일을 하는 과정에서 정부3.0 자문단 위원이었던 박광국 교수와 오철호 교수가 큰 도움을 주었다.

한번은 대통령 참석하에 전 국무위원, 국영기업체 사장, 공기업 사장, 공공연구소 원장 등이 참석한 대규모 정부3.0 보고대회가 열렸다. 나는 그 회에서 좌장을 맡았다. 나는 자유토론 형식으로 대회를 이끌었다. 참석자들은 후에, 대통령이 참석하는 대회에서 이렇게 자유롭게 토론하는 것을 본 적이 없다고 말했다. 대회는 대성공이었다. 정부3.0은 이렇게 뿌리를 내렸다.

정부3.0 민간자문단장 시절, 정기적으로 청와대 행정관이 나를 찾아와서 정책자문을 받고 돌아갔다. 나는 감사원 개혁 없이는 행정개혁이 성공할 수 없다는 점과 정부3.0의 개혁은 전자정부로 구현되어야만 성공할 수 있다는 점도 강조하였다.

정부3.0이 성과를 내자 행정안전부 소속의 정부3.0을 총리 소속으로 격상하였다. 초대 위원장으로는 송희준 교수가 위촉되었다.

2

미래창조과학부 정책고객대표자회의 의장을 맡다

새 정부의 미래창조과학부는 방송통신위원회에 소속되어 있던 정보통신부 기능을 흡수하였다. 이전 정부의 방송통신위원회에서 민간과 정부 사이의 소통 창구 역할을 정책고객대표자회의가 해주었다. 다행히 박근혜 정부의 미래창조과학부에서도 정책고객대표자회의는 존속하였다. 그리고 나는 그 의장직을 계속 수행하였다. 나는 이명박 정부에서 소홀했던 첨단 ICT 기술 개발과 전자정부 확대 개발에 속도를 내도록 자문했다.

박근혜 정부 시기는 4차 산업혁명을 촉발한 첨단 ICT 기술이 우후죽순처럼 등장하던 시기였다. 특히 인공지능, 빅데이터, 클라우드, 모바일, 블록체인, 드론, 3D 프린터, 사물인터넷(Internet of Things, IoT) 기술 등이 나타나서 미래 사회를 선도하고 있었다.

나는 이들 첨단기술의 세계에서는 승자독식 구조가 될 것이고 전 세계가 치열한 경쟁에 돌입할 것이라고 예견하고 있었다. 나는 미래창조과학부가 이 일을 맡아서 주도적으로 일해주기를 바랐다. 정부가 밀고 민간이 이끌면서 나아가야 한다고 생각하였다. 정부3.0의 방향인 소통·공유·협업은 그 방향이 맞았다. 특히 박근혜 정부에서는 민간기업의 활동에 활력을 넣기 위하여, 정부의 활동 가운데서 민간이 할 수 있는 일은 모두 민간에 돌려주는 일을 강력하게 추진하였다. 약간의 부작용도 있었으나 이 조치는 민간 ICT 기업을 활성화하는 데에 큰 기여를 하였다.

3

지식DB포럼 의장으로 지식DB 활성화를 돕다

미래창조과학부는 국가 데이터 산업의 활성화를 위하여 지식DB포럼을 만들고 나는 그 의장에 위촉되었다. 이 포럼을 통하여 그때까지 구축 위주였던 데이터 정책을 활용 방향으로 전환하였다. 포럼은 매년 세미나를 열어서 산업화에 가치가 있다고 보이는 공공분야의 과학기술 데이터, 문화 데이터, 역사 데이터 등을 우선적으로 디지털화하고 이것을 산업화하도록 토론을 통한 정책을 만들고 정부에 건의하였다. 이 포럼을 통하여 곧 닥칠 지능정보화 사회를 준비해야 한다고 나는 생각하였다.

4

국가정보화 명예의 전당에 헌정되다

정부는 국가정보화 20주년을 기념하여 대규모 행사를 열었다. 미래창조과학부는 국가정보화 20년의 성과를 담은 백서를 냈다. 그리고 지난 20년간 국가정보화에 공이 큰 20인을 선정하여 '국가정보화 명예의 전당'에 헌정하였다.

나는 그 20인 가운데 하나로 선정되어 국가정보화 명예의 전당에 헌정되었다.

5

전자정부민관협력포럼의 의장을 맡다

박근혜 정부의 전자정부 패러다임은 민간 주도의 전자정부 추진이었다. 그 방법의 하나로 정부는 전자정부민관협력포럼을 만들었다. 정부와 출연연구소, 교수, 기업인 등이 참가하는 대규모 포럼이었다. 이전 정부의 국가DB포럼과 성격이 비슷한 포럼이었다. 나에게 의장직 의뢰가 와서 그 자리를 수락하였다.

이 포럼은 뒤에서 설명할 전자정부추진위원회가 만들어질 때까지 전자정부 정책 수립에서 중요한 역할을 하였다. 4차 산업혁명 시대에 등장할 새로운 전자정부 수요를 발굴하고, 민간과 정부의 협업과 소

국가정보화포럼 의장으로 초연결 창조한국 비전 선포(2014년 12월 5일)

통 그리고 데이터 공유를 촉진하였다.

다만 이 포럼은 민간전문가 중심의 미팅이어서 토론 내용은 좋았으나 정책으로 구현되는 데에는 추진력이 약했다. 정부 단위의 추진체가 필요함을 느꼈다. 내 생각은 이후 전자정부추진위회 설치를 통하여 구체화되었다.

6

빅데이터포럼을 통하여 정책의 과학화를 추진하다

그 당시 첨단기술 가운데서 접근이 쉽고 정책적 효과가 큰 기술이 빅

국가정보화포럼 발대식(2014년 12월 5일)

데이터기술이었다. 아직 인공지능기술이 아직 성숙하지 못한 시기의 일이었다. 박근혜 정부에서는 빅데이터포럼이 부처별로 구성되어 데이터 중심의 정책 수립이 유행하고 있었다.

당시는 인공지능보다는 빅데이터가 인기를 끌고 있었다. 각 부처가 다투어서 빅데이터를 정책 분석과 결정에 이용하였다. 나는 고윤화 기상청장과 함께 기상빅데이터포럼을 만들었다. 이 데이터를 민간에 개방하여 기상 분야의 창업을 도왔다. 남양주시와 협력하여 남양주시가 빅데이터를 행정에 활용하도록 자문했고, 남양주시 사례는 미국 행정학회에서 발표되기도 하였다.

새 시대에 맞는 스마트 전자정부 사업은 마스터 플랜을 만들어놓은 상태에서 그 실행은 대통령의 탄핵으로 다음 정부로 넘어갔다.

7

안전행정부에서 행정고시 과목에 헌법을 넣도록 하다

이 시기, 나는 안전행정부의 국가공무원시험 정책자문위원에 위촉되었다. 회의 자료를 보고 나는 놀랐다. 5급 행정고시 과목에 헌법이 빠져 있었던 것이다. 그 이유를 물었더니 수험생의 부담을 덜어주기 위해서고 또 합격자들은 공무원교육원에서 강의를 듣기 때문이라고 하였다. 나는 회의에서 공무원이 따라야 할 궁극적 지침은 헌법인데 그것을 시험 과목에서 제외한 것은 타당하지 않다는 논리를 폈고 다른 위원들도 그 의견에 동의하였다. 그렇게 해서 5급 공무원 시험에 다시 헌법이 포함되었다.

8

UN 거버넌스센터에 협력, IITU 명예교수로 추대되다

UN 거버넌스센터(United Nations Project Office on Government, UNPOG)는 2006년 한국 정부가 UN에 출연하여 만든 UN 기구이다. UN은 지속가능한 발전, 즉 SDG(Sustainable Development Goal)를 목표로 삼고 이를 실현하는 수단으로 혁신적인 거버넌스를 찾고 그것을 개발도상국 사이에 공유하는 것을 채택하였다. UNPOG는 그 목표를 달성하기 위하여 설립한 기구였다.

초기에는 외교부가 UNPOG를 지원해서 4대 원장까지는 외교부 전 대사가 원장을 맡았다. 나는 4대 원장 임재홍 원장 시절에 UNPOG를 도와 많은 일을 했다. 임재홍 원장은 정보화 시대, 거버넌스의 핵심은 전자정부라고 생각하고 내게 도움을 요청했고 나는 흔쾌히 도왔다.

4대 원장이 임명되기 전에 한동안 UN에서 비한국인을 원장으로 파견한 적이 있었다. 알렉세이 티코미르(Alexei Tikhomir) 원장은 구 소련 국가들의 사정에 밝았다. 그리고 나라 이름이 '스탄'으로 끝나는 나라를 돕고 싶어 하면서 한국의 전자정부를 그들 나라에 이식시키고자 했다.

2013년 티코미르 원장과 인하대학교 명승환 교수의 노력으로 카자흐스탄 알마티에서 전자정부와 관련하여 국제 세미나를 열었다. 주제는 '전자정부 전략과 국제협조(E-governance Strategy and International Cooperation)'였다. 나는 기조연설에서 전자정부의 새로운 비전(Vision of New e-Government)을 한국의 전자정부를 통하여 소개했고 종합토론의 좌장도 맡으면서 세미나를 운영했다. 세미나에는 카자흐스탄 측 전자정부 전문가와 UNPOG 티코미르 원장, 명승환 교수, 조영임 교수 등이 참가하였다.

나는 이런 연유로 국제IT대학교(International IT University, IITU)에 명예교수로 추대되었다. IITU는 당시 대통령이 설립한 대학교로 카자흐스탄의 알마티에 위치하고 있었다.

다음 해인 2017년, 카자흐스탄의 행정수도인 아스타나에서 UN 주최로 열린 세계전자정부포럼(Global e-Government Forum)에는 한국에서도 대규모 대표단을 파견하였다. 나는 단장으로 참가하여 발표를 하고 카자흐스탄의 고위관료를 만나서 한국의 전자정부를 소개했다.

9

전자정부추진위원회의 위원장으로 '전자정부 2020'을 만들다

나는 정부3.0 회의에서 정부3.0의 일하는 방식의 개혁은 전자정부로 구현되어야만 뿌리를 내릴 수 있다고 주장하였다. 그러기 위해서는 행정안전부의 정부혁신실과 전자정부국이 협업을 해야 한다고 말했다. 정부3.0 미팅에 전자정부국장을 참여시켜야 한다고 주장하는 등 나는 중간에서 두 조직을 연결하려 노력하였다. 내 노력에도 불구하고 두 조직 사이의 협업은 잘 풀리지 않았다.

나는 새로운 접근이 필요하다고 생각하였다. 당시, 시대적으로 4차 산업혁명의 물결이 밀려오고 있었다. 나는 2002년부터 구축하여 세계가 부러워하는 한국의 전자정부를 새 시대에 맞도록 다시 리모델링을 해야 한다고 생각하였다. 정부3.0과 별도로 새 시대에 맞는 새로운 전자정부를 설계하고 구축하는 추진체가 필요했다.

이명박 대통령 시기부터 전자정부 정책은 개발보다는 운영에 치중하여 새로운 투자가 거의 없었다. 그 때문에 새로운 첨단기술을 적극적으로 활용하는 다른 나라에 비하여 경쟁력이 떨어지고 있었다. 그래서 UN 전자정부평가에서 한국은 3위로 내려갔다. 나는 이러한 흐름을 전자정부추진위원회를 새로 설치하여 막을 수 있을 것이라고 생각하였다.

당시 인기를 끈 전자정부 슬로건은 '스마트 정부'였다. 스마트 정부 구현의 수단은 4차 산업혁명을 촉발한 첨단 ICT 기술이었다. 4차 산업혁명을 촉발한 첨단 ICT 기술이 여기저기에서 잉태되고 있었다. 나는 전자정부추진위원회를 만들어서 첨단 ICT 기술이 가져올 미래를 전망하고 구체적인 정책을 마련해야 한다고 나는 주장하였다. 구체적인 추진 전략과 추진 일정도 마련해야 했다.

그 무렵 홍윤식 장관이 행정안전부 장관에 취임하였다. 홍윤식 장관은 방송통신융합추진위원장 시절에 행정실장으로 함께 일한 덕에 나와는 호흡이 잘 맞았다. 홍윤식 장관이 노력한 끝에 행정안전부에 전자정부추진위원회가 설치되었다. 나와 행정안전부 장관을 공동위원장으로 하여 발족하였다.

나는 새 시대에 맞는 새로운 전자정부 시스템 구축을 위하여 인공지능, 빅데이터, 클라우드, 모바일 네트워크 등 기술을 적극적으로 이용하여야 함을 주장하였다.

스마트 정부는 첨단 ICT 지원 없이는 불가능한 일이었다. 전자정부추진위원회에서는 새로운 전자정부 마스터 플랜을 마련하였다.

4차 산업혁명을 대비한 전자정부의 미래 비전을 담은 '전자정부

2020'이 탄생하였다. 이인재, 최장혁, 정윤기 등 전자정부 국장들이 열심히 일해주었다.

국민비서, 클라우드 활성화, 블록체인을 이용한 행정, 모바일 신분증 등이 정책으로 그려졌다. 지금도 잘 운영되고 있는 국민비서 서비스도 이때 만든 것이다.

전자정부 2020은 스마트 정부의 구축을 목표로 하면서 스마트 정부는 전자정부를 통하여 국민 개개인의 요구를 맞춤형으로 들어주는 맞춤형 서비스, 선제적 서비스, 데이터 기반의 과학적 정책 결정 정부의 구현을 목표로 하였다.

과거 전자정부가 사건이 발생하거나 국민이 원하면 대응하는 대응적(reactive) 전자정부였다면 스마트 정부는 사건 발생 전에 또는 국민이 공식적으로 원하기 전에 미리 사전적으로 서비스하는 선제적(proactive) 전자정부였다.

전자정부 2020은 그 내용이 포괄적이고 대단히 미래지향적인, 잘 만들어진 정책이었다.

10

전자정부 중흥기를 바라보다

대학에서 전기공학을 전공한 박근혜 대통령은 선친인 박정희 대통령의 정책을 이어받아 전자정부에 대하여 호의적이었다. 취임 후 미래창조과학부를 만들어서 이명박 정부에서 사라진 정보통신부의 기능의 일부를 복원하였다. 전자정부는 행정안전부의 전자정부국과 정부혁신실을 중심으로 추진토록 하였다. 나는 이 시기 정부3.0민간자문단장과 전자정부추진위원장을 맡아서 박근혜 정부의 전자정부를 이끌면서 4차 산업혁명의 물결이 밀려오는 것을 예견하고 전자정부 2020을 만드는 등 미래를 대비하였다. 임기 도중에 하차를 하지 않았다면 한국의 전자정부가 중흥기를 맞았을 것으로 본다.

박근혜 정부의 전자정부는 처음에는 정부3.0으로 대표되는 정부혁신정책과 별도로 추진되었으나, 중반이 넘어서, 전자정부추진위원회가 설치되면서 독자적인 개발정책을 갖게 되었다.

박근혜 정부의 전자정부추진위원회 설치는 전자정부 역사상 중요한 의의를 갖는다. 전자정부추진위원회 설치로 이명박 정부 시절에 사라진 전자정부 추진체제가 다시 부활한 것이다. 이 위원회는 4차 산업혁명 시기에 도래할 미래형 전자정부의 밑그림을 그리는 등 많은 업적을 남겼다. 추진위원회가 설치되기 전까지 나는 전자정부민관협력포럼을 중심으로 전자정부를 추진하였다. 전자정부추진위원회가 설치되면서 4차 산업혁명을 준비하는 일이 본격적으로 정부 주도로 이루어졌다.

박근혜 정부 시절에 전자정부를 위한 적극적인 투자 등 본격적인 활동은 없었으나 4차 산업혁명 시대를 대비한 미래 전자정부의 그림, 4차 산업혁명 마스터 플랜인 전자정부 2020을 준비한 것은 업적으로 평가할 수 있다고 본다.

전자정부의 프레임이 정부 주도의 프로그램 개발로부터 부처 간 소통과 공유 그리고 부처 간, 민관 간 협업을 중심으로 하는 새로운 패러다임으로의 전환을 위한 기본을 마련한 것도 박근혜 정부의 성과라고 할 수 있다.

9

새로운 물결 앞에

4차 산업혁명과 전자정부

1

대한민국 전자정부 50년사를 편찬하다

2017년 문재인 정부가 들어섰다. 행정안전부 장관으로 김부겸 장관이 임명되었다. 정권 초기 새 정부는 소위 '적폐세력' 척결을 외쳤다. 나는 전 정부가 추진했던 전자정부 종합계획이 무효화되지 않을까 걱정이었다. 다행히 김부겸 장관은 전자정부추진위원회를 적폐세력이 아니라고 선언하였다. 전자정부추진위원회는 존속되었고 나는 위원장을 계속하였다.

마침 그해는 우리나라 정부에 컴퓨터가 도입된 지 50주년이 되는 해였다. 1967년 당시 경제기획원 통계국에 소규모의 IBM기계가 설치되어 통계처리 업무에 이용되었다. 박근혜 정부 시절에 나는 전자정부 50주년을 대비하여 대한민국 전자정부 50년사를 준비하고 있었다. 다행히 정권이 바뀌었어도 그 일을 계속할 수 있었다. 편찬위원회를 만들어 나는 편찬위원장을 맡고 행정적 지원은 NIA가 맡았다. 편찬위원들은 정말 열심히 일을 했다. 이현덕《전자신문》대기자가 풍부한 경험과 자료로 나를 많이 도왔다. 그리고 내가 편집위원장을 맡고 있던 한국정보처리학회의《The e-Bridge》저널이 편찬에 큰 도움이 되

'전자정부 50주년 기념식'에서 전자정부추진위원장으로 축사(2017년 11월 1일)

었다.

대한민국 전자정부 50년사는 정사와 테마사로 구분하였다(《전자정부 50년》). 정사는 전통적 방식으로 대한민국의 전자정부 역사를 시대별로 편찬하였으며 테마사는 전자정부 정책에 큰 역할을 한 인물과 사건을 스토리 형식으로 편찬하였다. 영문판도 준비하였다. 대한민국 전자정부 50년사 편찬에서 정윤기 전자정부 국장이 크게 기여하였다.

2017년 11월 코엑스에서 대한민국 전자정부 50주년 기념행사가 행정안전부 주최로 성대히 거행되었다.

호스트는 김부겸 장관으로 정권을 넘어 1960년대 말부터 전자정부에 기여한 인사들이 모여서 축제 분위기 가운데 행사를 진행했다. 강경식 당시 경제기획원 예산총괄과장, 성기수 KIST 전산실장 등의 회고도 있었다. 세계가 부러워하는 대한민국 전자정부의 뿌리가 찾아진 것이었다.

우리나라는 세계에서 최초로 전자정부의 날도 제정하였다. 이 행사는 후에 국무총리가 된 김부겸 장관이 있어서 가능했다고 생각한다. 지금도 김부겸 장관에게 감사한다.

2

전자정부 명예의 전당에 헌정되다

대한민국 전자정부 50주년을 기념하면서 행정안전부는 전자정부를 빛낸 50선을 선정하여 발표했다. 인물 30인, 서비스 10선, 기관 10선을 선정하였다. 나는 노무현 대통령, 김대중 대통령, 오명 부총리 등과 함께 인물 30인에 선정되어 세종시에 있는 전자정부 명예의 전당에 헌정되었다. 선정된 서비스에는 민원24와 홈텍스 등 11대 사업을 그 뿌리로 육성한 사업 등이 들어 있었다. 선정된 기관으로는 NIA와 민간기업인 삼성SDS와 LG-CNS가 포함되었다.

3

코로나19 사태에서 빛을 본 대한민국 전자정부

문재인 정부 시기에 나는 색다른 경험을 했다. 그것은 코로나19 사태였다. 그리고 예전에 그렇게 어렵게 느껴졌던 사이버 공간에서의 비대면 접촉이 가능해졌다. 코로나19 시대, 그동안 우리나라가 구축한 전자정부가 빛을 발휘하였다. 공적 마스크 관리, 백신 접종 관리, 재난지원금 관리 등에서 전자정부는 큰 도움을 주며 위력을 발휘하였다. 세계가 인정한 한국형 방역 시스템이 등장한 것이었다.

코로나19 대응에서 눈에 띄는 기관은 내가 오랫동안 비상근이사장을 지낸 KLID였다. 이 기관이 보유, 운영하고 있었던 지치단체의 데이터가 코로나19 대응에서 위력을 발휘하였다.

2020년이 가까워지면서 인공지능 알고리즘은 인간의 상상을 넘어서 발달하고 있었다. 4차 산업혁명이 인공지능과 빅데이터를 선두로 우리 주위에 선뜻 다가온 것이었다. 나는 4차 산업혁명에 성공하기 위해서는 새로운 세상의 도래를 사람들에게 알리고 준비시켜야 한다고 생각하였다.

이 시기, 4차 산업혁명을 추동하는 첨단 ICT 기술이 숨쉴 틈을 주지 않고 등장하였다. 특히 세계 각국은 인공지능 알고리즘 개발에 명운을 걸고 경쟁을 하였다.

정부도 4차 산업혁명 위원회를 만들고 디지털 뉴딜정책을 발표하는 등 여러 정책을 내놓고 있었다. 나는 한국정보처리학회 이브릿지(e-Bridge)포럼대회와 신문칼럼을 통하여 4차 산업혁명을 대비해야 함을 강조하였다. 대학에서도 특강을 통하여 만능 인공지능 모델의 등장을 예언하고 제도와 윤리관 등 새로운 시대의 새로운 거버넌스의 등장 필요성을 역설하였다.

나는 전자정부추진위원장으로 '전자정부 2020'의 성공적인 구축이 바로 4차산업혁명을 준비하는 것이라는 것을 강조하고 이의 구축을 위하여 힘썼다.

4

2020 OECD의 디지털정부평가에서 1위를 차지하다

2000년대에 들어오면서 유럽 등에서는 E-정부(E-goverment) 대신 디지털정부(Digital Goverment)라는 명칭을 쓰기 시작하였다. 우리나라도 행정안전부 정부국 이름을 디지털정부국으로 개명하였다. 디지털정부에서는 인프라보다는 활용 측면을 강조하였다. 특히 데이터의 공유와 소통을 평가의 주요 정책으로 삼았다.

우리나라에서는 이전 정부부터 국가DB포럼, 전자정부민관협력포럼과 특히 정부3.0 정책을 통하여 소통, 공유, 협업을 추진해 왔다. 그동안의 데이터 중심 정책은 결국 결실을 맺어 '2020년 OECD 디지털정부평가'에서 한국이 1위를 차지하였다. OECD 평가에서는 디지털

데이터 공유, 협업, 소통 등을 중점적으로 보았는데 나는 1위라는 순위에 이전 정부의 데이터 중심 정책이 기여한 것으로 생각하였다.

UN 전자정부평가에서는 2위 또는 3위로 1위 자리를 놓쳤기 때문에 OECD 평가에서 1위를 기록한 것은 전자정부추진위원장 입장에서는 무척 고무적인 일이었다.

5

캄보디아 정부를 위해 전자정부 종합 계획을 만들어주다

어느 날 나는 고려대학교 임종인 교수의 소개로 임지오 캄보디아 정보통신부 자문관을 만나고 그의 소개로 캄보디아 대통령 사위이기도 한 정보통신부 차관을 만났다.

대부분의 개발도상국은 한국 정부가 무상으로 도와주기를 원했는데 캄보디아는 달랐다. 캄보디아 정부에서는 50만 달러를 투자하여 한국 정부에 전자정부 종합계획 작성을 맡길 생각을 하고 있었다. 캄보디아 정부의 열성을 보니 이 일은 성공할 것 같았다. 그래서 열심히 도와주기로 하고 연구자문위원장을 맡았다.

캄보디아-한국 사이에 전자정부 사업 협약을 맺었다. 진영 장관 시절의 일이었다. 나는 이 기회에 한국의 우수한 전자정부를 기반으로 캄보디아 현실에 맞는 전자정부를 설계해 주기로 하였다.

나아가 50만 달러를 넘어서 캄보디아 대통령이 깊이 감명할 사업을 한국 정부 자원으로 협력해야 한다고 생각하였다. 그렇게 해서 내가 선정한 항목은 인공위성 데이터를 이용한 전자정부 사업이었다. 그 사업은 단시일에 보여줄 수 있어야 했다. 나는 이 분야 전문가인 양영규 교수에게 준비를 부탁했다. 마침 그때 캄보디아의 훈 센(Hun Sen) 총리가 한국을 방문한다는 말을 들었다. 그 기회를 이용할 수 있을 것 같았다.

나는 전자정부추진위원장 자격으로 훈 센 총리와 미팅을 가졌다. 코로나가 극성을 부리던 시기여서 철저한 방역하에 호텔에서 성사된 미팅이었다. 캄보디아 부총리 겸 외교부 장관과 대통령실 장관, 정보통신부 차관 등이 훈 센 총리와 함께 미팅에 참석하였다.

나는 훈 센 총리에게 전자정부 구축의 필요성을, 전자정부특별위원회 위원장 시절 핀란드를 방문했을 때 그쪽 공무원이 한 말을 인용하여 강조하였다. 핀란드 공무원이 전자정부 구축에 대하여 "핀란드는 EU 국가로 이웃 나라인 프랑스, 독일 같은 나라에 경제적으로 흡수되지 않으려면 전자정부를 반드시 구축해야 한다"라고 한 말을 전해주었다. 그리고 캄보디아가 상대적으로 큰 이웃나라에 경제적으로 흡수되지 않고 생존하려면 전자정부를 구축해야 한다고 말했다. 나는 인공위성 데이터를 전자정부에 이용하면 질 높은 정책을 수립할 수 있다는 말과 함께 양영규 교수에게 말하여 미리 준비한 인공위성을 이용한 도시계획과 수자원 관리의 사례를 보고했다.

그날의 미팅 결과를 토대로 나는 행정안전부에 인공위성을 활용한 프놈펜 도시화 방향 탐색과 우기의 메콩강 수변 지역 변화도를 한국 정부 예산으로 작성하여 연구보고서에 추가하도록 했다.

연구팀은 한국 인공위성 데이터와 한국의 소프트웨어를 이용하여 프놈펜 시가지의 도시화 확산 방향과 건물 상황도도 만들었으며 우기에 범람하는 메콩강 수역도도 완성하였다. 이 연구에는 인하대학교의 김태정 교수가 수고해 주었다. 김태정 교수는 당시 대한원격탐사학회 회장을 맡고 있었다.

이 사업의 연구보고서를 토대로 한국 정부는 캄보디아에 전자정부 센터를 설립했고 캄보디아 전자정부 사업은 현재 진행 중이다.

6

《The e-Bridge》 저널을 창간으로 전자정부 뿌리를 찾다

정년 후 나는 전자정부의 뿌리를 찾는 일에 관심을 가졌다. 2008년부터 한국 전자정부는 이전 정부의 노력으로 전성기를 맞이하고 있었다.

한국에서 전자정부는 '공기'와 같은 존재가 되었다. 공기는 생존에 꼭 필요한 존재이지만 너무 당연해서 사람들은 그 가치를 잊는다. 마찬가지로 전자정부 서비스가 우리 생활에 가까이 있고 쉽게 접근할 수 있기 때문에 역으로 사람들은 고마움을 잊고 살아가는 것 같았다.

마침 평소 가깝게 지내는 한국정보처리학회 이정배 회장과 이 문제를 이야기하다가 아이디어가 나왔다. 한국의 전자정부 뿌리를 학회 차원에서 찾아주자는 것이었다. 학회에서 새로운 저널《The e-Bridge》를 창간하기로 하였다. 창간호는 2009년에 나왔다. 2009년 2월 4일에 프레스센터에서 창립기념행사를 성대하게 가졌다. 나는 이 저널의 편집위원장을 맡아서 뿌리 찾기에 나섰다.

편집 방침은 3분과로 나누어서 진행하였다. 과거, 현재, 미래의 3분과를 두고 원고를 수집하되 일단은 과거를 조명하기로 하였다. 편집위원으로는 고한석, 김동욱, 김성태, 손연기, 양영규, 장광수, 정태명, 곽덕훈, 김문조, 김흥남, 송희준, 임종인, 정진욱, 황보택근 교수 등이 함께했다.

정보화와 전자정부 구축에서 중요한 역할을 한 인물들이 모두 기고를 해주었다. 창간호에는 성기수 KIST 시스템공학연구소 소장과 강경식 부총리, 2호에는 경상현 장관과 이용태 데이컴 사장, 3호에는 홍성원 박사와 조이남 박사, 4호에는 송길영 교수, 5호에는 오명 장관과 양승택 장관, 6호에는 서정욱 장관, 7호에는 박성득 차관, 8호에는 최영환 차관, 9호에는 이철수 한국전산원장 등이 기고해 주었다. 이후에도 윤종수, 김남석, 김창곤, 전길남, 오길록, 양영규, 강성주, 장광수 등이 뿌리 찾기에 동참해 주었다. 1969년 말부터 시작한 한국 전자정부의 여명기에서부터 태동기, 발전기, 성숙기의 참여인원들이 귀중한 기억을 기고문으로 남겼다.

《The e-Bridge》 저널은 우리나라 전자정부 뿌리를 찾는 데 큰 기여를 하였으며 이 같은 노력은 대한민국 전자정부 50년사 편찬에서 큰 성과를 냈다. 나는 행정안전부가 만든 대한민국 전자정부 50년사 편찬위원장으로 일을 했는데, 편찬과정에서 《The e-Bridge》 저널의 원로 기고문이 큰 도움을 주었다.

7

이브릿지포럼대회로 4차 산업혁명의 새로운 세상을 준비하다

뿌리 찾기가 어느 정도 마무리될 무렵, 우리나라는 4차 산업혁명의 물결이 밀어닥치고 있었다. 이브릿지 연구위원회는 방침을 변경하여 과거에서 미래로 시야를 전환했다. 4차 산업혁명이 가져올 새로운 세상에 대한 그림과 대비를 생각하기 시작하고 《The e-Bridge》 저널 중심의 뿌리 찾기 운동으로부터 포럼대회 중심의 발표와 토론으로 활동의 패러다임을 바꾸었다.

본격적인 이브릿지(e-Bridge)포럼대회는 2019년부터 시작하였다. 이 대회는 5G시대 지능 디지털 전환의 방향(5G+ Intelligent Digital Transformation)를 주제로 하였다. 대전 ETRI 융합기술연구센터에서 대회를 열었다.

2020년에는 '코로나 시대의 디지털 혁신성장과 포용전략'이라는 주제를 놓고 비대면으로 진행하였다. 나는 이 대회에서 '코로나 이후 선도국가가 되는 길'이라는 제목으로 기조연설을 하였다.

2021년에는 '4차 산업혁명 시대의 디지털 혁신전략'을 주제로 온

라인과 오프라인을 병행하여 열었다. 오프라인 포럼대회는 ETRI 융합기술연구센터에서 열었다.

이 대회에서는 본격적으로 불어닥치고 있는 4차 산업혁명의 세상을 두고 발표와 토론을 벌였다. 미국 브루킹스 연구소의 대럴 웨스트(Darell M. West) 부소장을 비롯하여 ETRI, KISTI 원장들의 발제가 있었다.

2022년 포럼대회는 윤석열 정부가 들어선 이후의 첫 대회로 새 정부의 정책을 들을 수 있는 좋은 기회였다. 포럼에서는 안철수 인수위원장과 고진 디지털플랫폼정부위원장을 초청하여 정부의 정책을 들었다. 새 정부의 정책을 수립한 당사자로부터 직접 들을 수 있어서 많은 호응을 얻었다.

나는 이브릿지 연구위원회의 방향 전환은 시의적절한 것이었다고 생각한다. 포럼대회 운영은 이정배 이브릿지 연구위원장의 아이디어와 추진력이 있어서 가능하였다. 나는 매 대회에 대회공동위원장으로 참여하였다.

8

전자정부의 기원을 돌아보다

문재인 대통령은 전자정부의 뿌리를 내리게 한 노무현 대통령의 비서실장을 역임하였기 때문에 전자정부에 대하여 상당한 식견과 관심을 갖고 있었던 것으로 보인다. 취임 후, 4차 산업혁명의 물결이 다가오는 것을 느끼고 이전 박근혜 대통령 시절에 준비한 전자정부 2020을 계속 추진하였으며 또 대통령 직속으로 4차산업혁명위원회를 만들어서 지능정보화 사회를 준비토록 하였다. 미래 디지털정부의 마스터플랜을 만들고 구체적인 정책 어젠다도 만들었다. 나는 문재인 대통령이 박근혜 정부의 정책을 대부분 승계하고 이를 발전시킨 것을 높이 평가한다. 특히 재임 기간 동안에 전자정부추진위원회를 중심으로 전자정부 50년 기념식을 성대하게 개최하였고 세계 최초로 전자정부의 날을 지정하는 등 전자정부를 위해 노력하였다.

문재인 정부 시기, 나는 전자정부추진위원장으로 이전 정부로부터 승계한 전자정부 2020 종합계획을 실행에 옮기는 일에 매진하였다. 정부24 등 포털이 개선되고 국민비서 등 새로운 서비스가 등장한 가운데 갑작스러운 코로나19 사태로 인해 전자정부의 기능이 모두 비대면 행정을 지원하는 방향으로 집중되었다.

나는 '전자정부 2020'의 구현을 통하여 4차 산업혁명의 물결을 대비하는 노력을 하였다. 이 시기, 나는 전자정부추진위원장으로 대한민국 전자정부의 맥을 이어갔고 특히 대한민국 전자정부 50주년 행사를 행정안전부 장관과 더불어 성대하게 거행하여 우리나라 전자정부의 뿌리를 찾을 수 있었던 것을 자랑스럽게 생각한다.

10

내일의 풍경

클로니즘 시대의 도래와 전자정부의 사명

1

뒤돌아보면 고비마다 스승이 있었다

1967년《포트란 자기교습 매뉴얼》을 통하여 컴퓨터와 인연을 맺은 지도 57년이 지났다. KIST에서 13년, 고려대학교에서 29년을 보낸 후 2010년을 정년으로 고려대학교 명예교수가 된 이래 15년이 흘렀다.

내 인생의 중요한 고비마다 나를 인도해 준 스승이 있었다. 컴퓨터와의 만남을 마련해 준 성기수 박사, 교수라는 직업에 대하여 생각을 하도록 해준 이한빈 교수, 미국에서 컴퓨터를 제대로 공부하도록 인도해 준 노먼 에이브럼슨 교수가 그들이다.

나는 이한빈 교수 아래에서 서울대학교 행정대학원 조교를 하고 미래학회 연구이사를 했다. 나는 이한빈 교수가 한 번도 다른 사람을 나쁘게 말하는 것을 본 적이 없었다. 어느 날 "교수님께서 남을 나쁘게 말씀하시는 것을 한 번도 본 적이 없습니다. 어떻게 그것이 가능한지요?"라고 물었는데 대답은 이랬다. "다른 사람의 장점, 좋은 점을 발견하고 이야기하기도 바쁘고 짧은 세상인데 다른 사람의 단점을 말할 시간이 없지." 그리고 항상 내게 "작은 일에 충실한 사람이 큰일도 잘할 수 있어"라고, 세상을 "넓고 멀리 바라보라"라고도 말해주었다.

미국 유학 시절의 은사 노먼 에이브럼슨 교수
고려대학교 방문 당시(2006년)

한번은 그가 내게 세계지도를 거꾸로 달아서 바라보라고 했는데 그 말을 들은 나는 연구실에 세계지도를 거꾸로 달았다. 그러자 새로운 세상이 내 앞에 보였다. 꽉 막힌 대륙이 아니고 광대한 태평양이 내 앞에 전개되었다. 나는 지금도 가끔 세계지도를 거꾸로 놓고 본다.

노먼 에이브럼슨 교수는 무선 인터넷 분야에서 세계를 선도한 위인이었다. 나는 하와이 주립대학교에서 석사와 박사를 하면서 그의 수제자가 되었다.

언젠가 에이브럼슨 교수는 자신이 창안한 ALOHA 방식으로 친구인 이더넷(Ethernet) 사장이 돈을 많이 벌었다고 하면서 "나는 내 연구물에 특허등록을 하지 않았다"고 말했다. 에이브럼슨 교수는 "내 연구는 인류의 자산이야. 그 자산을 인류에게 무료로 돌려주어야지" 하

노먼 에이브럼스 교수, 아내 전경애와 함께(2006년)

고 그 이유를 설명했다. 나도 그 말에 따라서 내 지식을 세상에 보급해야겠다고 결심하였다.

성기수 박사는 천재였다. 세상을 다른 사람보다 10년 앞서서 살았다. 성기수 박사는 복잡한 현상을 단순화하고 핵심을 파악하는 능력이 뛰어났다. 내가 쓴 글을 보면서 항상 "문장에서 형용사와 부사를 제거하고 명사와 동사만 남기면 핵심이 보인다"고 말했는데 나는 가짜 정보는 형용사와 부사 형태를 통하여 전파되고 있다는 것을 깨달았다. 그래서 논문이나 칼럼을 쓸 때, 형용사와 부사를 사용하지 않는 습관을 들였다.

일생을 통하여 나는 하느님으로부터 과분한 사랑을 받았다. 어려운 일에 부닥치면 그때마다 나는 '하느님이 내게 주신 사명이 있을 것이다. 그것이 무엇인지 찾아야 한다'고 생각했다. 일생을 통하여 어려운 고비마다 수호천사가 나를 도와주었다고 나는 생각한다. 수호천사는 스승님 모습으로, 때로는 친구로, 또 때로는 제자의 모습으로 나를 찾아와 도와주었다.

2

전자정부를 통하여 내 꿈을 실현하다

나는 1960년대, 한국전쟁의 상처가 아직 아물지 않은 최빈국 한국에서 '암울한 학문'이라는 경제학을 대학에서 공부했고 실용학문의 대명사인 행정학을 석사과정에서 공부하면서 교수라는 직업에 대하여 생각할 기회를 얻었다. 그리고 미국 유학에서 제대로 컴퓨터 과학을 공부하면서 과학적 의사결정 방법을 배웠다.

1960년대와 1970년대 가난한 한국의 대학생인 내가 할 수 있는 일은 '꿈을 꾸는 일'이었다. 그 과정에서 내가 품은 꿈은 '사람의 고통을 줄여서 국민을 행복하게 하는 방법을 찾는 것'이었다. 전자정부는 이 꿈을 실현하는 데 가장 좋은 길이었다.

무엇보다도 전자정부와 더불어 살아온 반세기 동안 내가 자유스러울 수 있었던 것은 컴퓨터가 도산 안창호 선생이 역설했던 민주시민의 자질인 '1인 1기'를 실현하는 좋은 수단이었기 때문이었다. 컴퓨터를 만난 것은 하느님이 내게 주신 행운이었다.

정년 후 내가 관심을 가진 것은 전자정부의 뿌리를 찾자는 것이었다. 한국정보처리학회《The e-bridge》저널의 편집위원장으로 한국 전자정부의 뿌리를 찾은 것은 큰 보람이었다.

뿌리 찾기가 어느 정도 마무리될 무렵, 우리나라는 4차 산업혁명의 물결이 밀어닥치고 있었다. 나는 방향을 과거에서 미래로 바꾸고 4차 산업혁명이 가져올 새로운 세상에 대한 대비를 생각하기 시작하였다. 그래서 포럼 대회 중심의 발표와 토론으로 활동의 패러다임을 바꾸었다. 본격적인 이브릿지포럼대회는 2019년부터 시작한 대회로 한국의 전자정부 미래를 향한 나의 꿈의 산물이었다.

3

'클로니즘' 세상의 도래와 전자정부의 꿈

SNS가 보급되면서 지구상의 인류는 하나의 생명체가 되었다. 새로운 세상에서는 '한 사람의 고통과 행복이 모든 사람의 행복과 고통'이 된다. 나는 그런 세상에 클로니즘 사회(Clonism Society)라고 이름을 부여하였다. 그 새로운 세상에서는 작은 목소리와 길 잃은 사람들을 돌보는 정부가 출현해야 한다고 나는 믿었다. 나에게 그 수단이 전자정부였다.

내가 꿈꾸는 전자정부의 비전은 개개인의 고통을 줄여서 행복을 증진하고, '작지만 강력한 정부'를 만들어서 세계 강국 사이에 나란히

선 한국이 의연하게 세계를 리드하는 것이었다.

대한민국 전자정부는 내가 전자정부특별위원회위원장으로 구축한 전자정부11대 사업을 출발점으로 발전하였고 UN 등 평가에서 최우수 국가로 자리매김을 하고 있다. 전자정부 구축을 위하여 그동안 노력해 주신 모든 이에게 감사한다.

4

내가 만난 대통령들

대한민국 전자정부호의 위대한 항해에서 나는 많은 대통령을 만났다.

1968년 KIST 전자계산실 연구원으로 입소한 때는 박정희 대통령 시기였다. 그 후 나의 전자정부 구축을 위한 길에서 전두환, 김영삼, 김대중, 노무현, 이명박, 박근혜, 문재인 대통령을 만났다.

각료들에게 컴퓨터를 배우도록 지시한 것, 홍릉 KIST와 광화문 경제기획원 예산국 사이에 설치한 한국 최초의 터미널실 개통행사에서 이 사안에 대한 박정희 대통령의 높은 관심을 보았다. 그는 여명기를 잘 이끌었다.

전두환 정부 시기, 나는 대통령의 KIST 시찰 때에 전산실 앞에서 원격탐사응용기술을 브리핑하였다. 대통령 옆에는 김재익 박사가 배석하고 있었다. 5대 국가기간전산망 정책을 성공적으로 이끌면서 전자정부의 큰 틀을 만들었다.

김영삼 대통령은 문민화를 성공적으로 이룩한 대통령이다. 행정쇄신위원 시절 정부개혁을 향한 그의 강한 의지를 볼 수 있었다. 그는 정보통신부를 신설하고 정보화위원회를 설치하고 청와대에서 정보화 대회를 직접 주재하였고 나는 이들 회의에 모두 참석하였다. 국가정보화 마스터 플랜을 만들고 인터넷 기반의 초고속정보통신망 구축에도 심혈을 기울였다. 전자정부의 인프라를 구축한 대통령이었다.

김대중 대통령은 IMF 위기 탈피를 시급한 과제로 두었으나 과감한 정부혁신 규제개혁 등으로 이 위기를 조기에 탈피할 수 있었다. 나는 인수위원회 정부조직실행위원으로, 정부혁신추진위원으로, 규제개혁위원으로 위기 탈출에 기여를 했다. 무엇보다도 김대중 대통령은 전자정부를 시작하고 이를 완성한 대통령이다. 전자정부특별위원회를 만들고 이 위원회를 중심으로 11대 과제를 선정하면서 이를 성공적으로 구축하였다. 나는 전자정부특별위원회 위원장으로 혼신의 힘을 다하여 이들 사업이 성공하도록 하였다. 전자정부특별위원장 시절, 몇 차례 대통령을 지근거리에서 볼 수 있었는데 그는 전자정부가 정보화 사회에서 우리나라가 반드시 구축해야 할 미래 정부라는 확신을 갖고 있었고 위원장인 나에게 전권을 위임하여 일을 성공시켰다. 2002년 말, 전자정부 준공 보고회의에서 김대중 대통령이 감격해서 보여준 감사의 눈물을 나는 잊을 수 없다.

노무현 대통령도 눈물이 많은 대통령으로 기억한다. 인수위원회 시절, 나는 인수위원회에 가서 특강을 했고 간담회에서 당선인을 만나서 전자정부에 관한 나의 소신을 밝혔다. 노무현 대통령은 이해가 빨랐다. 그도 미래는 전자정부가 선도할 것이라는 믿음을 갖고 있었다. 그의 이런 믿음이 대한민국 전자정부가 뿌리를 내리는 데에 큰 기여를 했다고 본다. 규제개혁대회는 청와대에서 열었다. 나는 대통령 오른쪽 자리에서 회의를 주재하였다. 그는 그 자리에서 내게 말했다 "위원장님, 규제개혁을 해서 큰 성과가 날 것이 확실한 건 개혁을 하시고 그렇지 않은 것은 손대지 마세요." 그는 규제개혁의 부작용도 알고 있었다. 노무현 대통령은 김대중 대통령의 전자정부 정책을 승계하고 31대 사업으로 확대하여 대한민국 전자정부의 꽃을 활짝 피어나게 한 대통령이다.

이명박 대통령에 대한 전자정부 정책에 대한 평가는 일반적으로 인색하다. 그것은 정보통신부가 해체되었기 때문일 것이다. 그러나 그 시기에도 방송통신위원회와 행정안전부를 통하여 전자정부는 명맥을 이어갔다. 다행스러운 것은 이 시기, 디지털콘텐츠 정책이 기틀을 잡기 시작한 것이다.

박근혜 대통령은 전자정부를 부활시킨 대통령으로 평가할 수 있다. 전자정부가 성공하기 위해서는 정부개혁과 전자정부 구축이 같이 가야 한다는 기조 아래 정부3.0은 정부개혁을, 전자정부추진위원회는 전자정부 구축을 담당하도록 하여 그동안 관심이 멀어진 전자정부에 활력을 불어넣어 주었다. 빅데이터 등 4차 산업혁명의 물결이 다가오는 것을 직감하고 이의 데이터 중심의 전자정부 구축 정책을 편 것도 이때부터였다. 박근혜 대통령이 있어서 대한민국 전자정부는 다시 숨을 쉴 수 있었다.

문재인 대통령은 아마도 노무현 대통령 시기 비서실장으로서 전자정부의 중요성을 체험했을 것으로 보인다. 그에게는 전자정부 중요성을 새삼 설명할 필요가 없었고 4차산업혁명위원회 등을 만들어서 미래형 전자정부를 준비하였다. 박근혜 정부의 정책 가운데서 전자정부 정책을 폐기하지 않고 존속한 것을 고맙게 생각한다. 나는 박근혜 정부가 위촉한 전자정부추진위원장을 계속하였고 대한민국 전자정부 50년 행사를 거국적으로 개최할 수 있었다.

정권이 바뀌고 대통령이 바뀌어도 대한민국 전자정부 정책은 그 맥을 이어가면서 발전할 수 있었다. 정말 감사한 일이다.

5

내가 만난 국무총리들

고려대학교 교수로 재직하면서 나는 행정쇄신, 정부혁신, 감사개혁, 전자정부 구축 등의 사안을 두고 많은 국무총리를 만났다.

내가 대통령 소속 또는 총리소속 위원회의 위원이나 위원장으로 직접 만났던 총리는 김영삼 대통령 시기의 이회창, 고건 총리, 김대중 대통령 시기의 김종필, 박태준, 이한동, 김석수 총리, 노무현 대통령 시기의 한명숙, 한덕수 총리, 이명박 대통령 시기의 김황식 총리, 박근혜 대통령 시기의 정홍원, 황교안 총리, 문재인 대통령 시기의 정세균, 김부겸 총리이다.

이 가운데서 특별히 기억에 남는 총리는 김영삼 대통령 시기의 이회창 총리, 김대중 대통령 시기의 김종필 총리이다.

이회창 총리는 그의 감사원장 시절과 총리 시절, 자문위원 등으로서 정보화를 비롯한 여러 분야의 자문을 했다. 그는 법과 원칙을 중요시했지만 한편으로 정보화 전자정부 국제화 등에도 넓은 지식을 갖고 있었다.

김종필 총리는 김대중 정부 초기, 탁월한 조정력으로 IMF를 조기에 타개하는 데에 기여하였다. 규제개혁위원회의 공동위원장으로 직접 회의를 주재하기도 하였다. 나는 위원으로 참여하면서 그의 조정력과 포용력에 항상 감탄하였다. 전자정부와 관련해서는 김대중 정권 출범 1년 후, 정보통신부가 사라질 위기에서 총리 공관에서 회의하면서 정보통신부 존속을 약속했던 것이 인상에 남는다.

전자정부와 관련해서 인상이 깊은 총리로는 고건 총리를 들 수 있다. 김영삼 정부 말기, 국무총리를 하면서 행정쇄신에 큰 관심을 쏟고 규제개혁의 존속을 위하여 행정규제기본법을 성안하고 법안을 만든 것은 대단한 성과로 보인다. 나는 이 법안 초안 작성 등에서 고건 총리를 도왔다. 그는 서울시장으로 있으면서 OPEN이라는 전자정부 소프트웨어를 만들었는데 이것은 사이버 공간에서 민원을 신청한 국민에게 신청 서류가 누구의 책상에 있고 그 처리 과정이 어떻게 되고 있는

지를 실시간으로 민원인에게 알리는 프로그램이었다. 부당하게 오랫동안 처리되지 않는 민원은 그 담당자에게 문의하여 처리를 독려하고 때로는 문책도 할 수 있도록 하는 소프트웨어였다. 나는 이 프로그램을 미국행정학회에서 발표토록 하였고 소문이 퍼지면서 이 프로그램은 UN에서 개발도상국의 반부패 프로그램으로 인정받아서 UN 홈페이지에 실리게 되었다. 고건 총리와는 노무현 대통령 시기, 내가 규제개혁위원장을 할 때 규제개혁위원회 공동위원장으로 일을 함께했다.

6

미래를 향한 출항—윤석열 정부에 기대한다

윤석열 대통령은 후보 시절부터 디지털플랫폼정부 구축을 공약으로 내세웠다. 그리고 대통령에 당선되자 대통령 직속으로 디지털플랫폼정부위원회를 발족했다. 1기 위원장으로는 고진 박사를 임명하였다.

나는 디지털플랫폼정부위원회가 차세대 전자정부를 구축하는 위원회라고 생각한다. 대통령 직속의 전자정부위원회를 만든 것은 노무현 대통령 이후 처음이었다. 박근혜 대통령 때 전자정부추진위원회가 있었으나 행정안전부 소속이었다. 나는 이 위원회의 발족을 전자정부의 부활로 규정하고 환영하였다. 위원회의 비전과 전략이 제대로 추진되면 4차 산업혁명 시대가 요구하는 새로운 디지털거버넌스가 구축될 것으로 기대된다. 나는 고진 위원장의 권유를 받고 이 위원회의 자문위원장으로 돕고 있다.

이 위원회가 성공하면 미래 전자정부는 다음과 같이 변할 것이다. 첫째, 대면이나 비대면 여부를 떠나 국민의 관청 출입이 대폭 줄어들거나 불필요하게 된다. 원 스톱 서비스(One Stop Service) 시대를 넘어서 논스톱 서비스(Non-Stop Service) 시대가 도래하여 국민은 서류 신청 없이 정부가 선제적으로(proactive) 국민에게 서비스하게 될 것이다. 둘째, 사건이 발생하거나 국민이 원하는 것을 보고, 이에 대응하는 지금까지의 뒷북 행정(reactive e-government)이 사건 발생 전에, 국민이 원하는 것을 신청하기 전에 미리 서비스를 제공하는 선제적 행정(proactive e-government)으로 전환될 것이다. 셋째, 정책 결정이 데이터 중심과 시뮬레이션 중심으로 이루어져서 정책의 시행착오가 현저히 줄어들 것이다. 넷째, 정보화 사회의 특징인 비대면의 인간관계가 뿌리를 내리고, 이것이 여가를 즐기면서 일을 하는 워케이션(workation[working + vacation]) 시대를 만들 것이며 이는 인구소멸지역 대책으로 자리를 잡을 것이다. 다섯째, IoT 등 인공지능 센서의 활용으로 환경변화를 실시간으로 모니터링, 문제를 분석하고 해답을 찾는 과정에 소요되는 시간이 단축되어 환경변화와 정책 결정 사이의 시간이 줄어들면서 행정의 환경대응 능력을 크게 향상시킬 것이다. 여섯째, 챗GPT(ChatGPT) 같은 만능 인공지능 언어가 등장하면서 공무원의 생산성이 크게 향상될 것이다. 공무원들은 필요한 자료 검색에 드는 시간과 비용을 절약하게 될 것이고, 프로세스 자동화(Robotic Process

Automation, RPA)를 활용하여 공무원마다 자신을 닮은 로봇을 갖게 되고 이들 로봇이 공무원을 대신하여 반복적이고 정형화된 업무를 하게 될 것이다.

미래를 향한 전자정부의 항해는 계속될 것이다. 이 일을 책임지는 디지털플랫폼정부위원회의 앞으로 2-3년은 중요한 시기이다. 이 기간에 성과를 내서 새로운 시대에 맞는 미래 전자정부 서비스를 국민이 향유할 수 있었으면 한다. 우리의 항해는 '국민 한 사람의 고통과 행복이 전 국민의 고통과 행복이 된' 클로니즘 사회에서 '모두는 하나를 위해, 하나는 모두를 위해(One for All, All for One)'가 실현될 때까지 계속될 것이다. 꿈은 반드시 이루어진다. 새 시대가 요구하는 거버넌스가 한국에서 만들어져서 국민을 행복하게 하고 인류를 행복하게 하는 미래 대한민국 전자정부가 저 앞에서 우리를 반기고 있다.

11

세계 100대 대학교를 바라보며

2003-2007

1

교수 생활 가운데 규칙을 세우다

1981년 고려대학교 행정학과 교수가 된 이후 나는 한 가지 규칙을 정했다. 내 시간의 30퍼센트는 저술 등 연구에, 30퍼센트는 강의에, 30퍼센트는 정부 자문 등 사회봉사에, 나머지 10퍼센트는 자유시간에 배정하였다. 비교적 이 규칙을 잘 적용하면서 학교생활을 즐겼다. 정부 자문을 하면서 나는 한 번도 휴직도 휴강도 하지 않았다. 2003년 노무현 대통령 시기가 되었다. 내게 정보통신부 장관직 제의가 들어온 때였다. 나는 이때 고려대학교 부총장 제의를 받고 승낙한 상태였다. 부총장으로 취임한 이후 4년 동안 나는 정부 자문을 줄이고 대부분 시간을 고려대학교 교육개혁에 쏟았다.

2

고려대학교 교무부총장이 되다

2002년이 월드컵 4강 진출의 흥분과 함께 저물고 있었다.

2001년부터 전자정부 성공을 위하여 나는 최선을 다했다. 2002년

10월 전자정부 11대 사업을 성공적인 진수한 후, 나는 모처럼 한가한 시간을 보냈다.

2002년은 대통령 선거가 있던 해였다. 전자정부 11대 과제가 성공했기 때문에 국가를 위한 봉사는 이제 줄여도 될 것이라고 생각하였다. 그렇게 마음속으로 오랜만에 여유를 즐기고 있었다.

대통령 선거 결과, 노무현 대통령이 등장하였다. 그 무렵, 고려대학교에서도 총장 선거가 있었고 경영학과의 어윤대 교수가 새 총장으로 취임하였다. 고려대학교에도 인수위원회가 설치되고 보직교수에 대한 인선이 진행되고 있었다.

그러던 어느 날, 총장으로 당선된 어윤대 교수가 정경관 내 연구실로 찾아와 교무부총장을 맡아달라고 했다. 고려대학교 교무부총장은 학교의 교무와 행정 그리고 연구를 총괄하는 교무(校務)부총장으로 영어로는 'Provost and Executive Vice President'였다. 대단히 중요한 보직이었다. 나는 완곡히 고사하였다. 이제 학교에 돌아와서 밀린 책도 쓰고 제자들을 보다 적극적으로 돌볼 예정이라고 말했다. 그 후 몇 번 더 만나본 어윤대 총장은 사심이 없어 보였다. 나는 공직자는 사심이 없이 공정해야 한다는 소신을 갖고 있었으므로 만나면서 호감이 커져갔다. 그래서 교무부총장을 맡기로 하였다. 나는 교수협의회의 승인을 받아 고려대학교 교무부총장이 되었다

3

고려대학교의 꿈을 그리다

교무부총장의 일은 막중했다. 2005년으로 다가온 개교 100주년을 준비해야 했고, 고려대학교를 개혁하여 세계적인 대학의 반열에 올려야 했다. 내 눈에 어윤대 총장은 준비된 총장이었다. 이미 마스터 플랜이 서있었다. 나는 어윤대 총장의 아이디어를 실행하기만 하면 되었다.

개교 100주년 행사는 거교적 행사여서 학교, 재단, 교우회가 힘을 합쳤다. 기획위원회가 만들어졌고 나는 위원장이 되었다. 재단 이사장인 김병관 이사장이 나를 적극적으로 지원해 주었다. 김병관 이사장은 배포가 컸으며 그 나름대로의 마스터 플랜도 갖고 있었다. 나는 매주 회의를 하면서 100주년 행사를 준비해 나갔다.

캠퍼스 개조, 즉 건물을 새로 짓는 등 물리적 환경을 개조하는 일은 총장과 이사장이 하는 일이어서 나는 대학 운영의 소프트웨어 개조에 전념하기로 하였다.

이 일에서도 어윤대 총장의 비전과 지도력이 빛났다. 그가 내건 슬로건은 '글로벌 고대, 세계 100대 대학 진입'이었다. 막걸리 대학, 민족 대학의 이미지에서 한 차원 도약하여 국제화된 세계 속의 고려대학교를 만들자는 그의 아이디어는 너무도 좋았다. 막걸리와 함께 고려대학교 마크가 새겨진 와인이 등장했다. '글로벌 고대'라는 표어도 등장하였다.

나는 무엇보다도 교수를 포함한 전 고려대학교 구성원이 학교에 대하여 프라이드를 갖고 모두 신바람이 나서 신나게 일을 하는 분위기를 만들고 싶었다.

우선 나는 총장에게 건의하여 교무위원들이 모두 배지를 착용하도록 하였다. 배지는 학교의 프라이드였다. 학생, 교수, 직원 등 우리 고려대학교 구성원이 모두 대학 배지를 달고 가슴을 펴고 학교에 프라이드를 느끼고 당당하게 살아가기를 원했다. '할 수 있다'는 자신감을 구성원 모두가 갖도록 하고 싶었다. 또한 고려대학교 학생은 우리나라를 이끌 지도자라는 자존심과 사명의식을 심어주고 싶었다.

그리고 교색을 크림슨 색으로 복원하였다. 그동안 '레드 콤플렉스' 때문에 고려대학교 이미지 컬러는 모두 녹색으로 변해있었다. 다행히 2002년 월드컵의 붉은 악마 응원단 덕분에 붉은색에 대한 거부감이 우리 주위에서 사라지고 있었다. 교색을 다시 크림슨 색으로 바꾸고 버스 색도 녹색에서 크림슨 색으로 바꾸었다. 교색 복원은 성공적으로 이루어졌다.

작은 변화가 큰 변화를 가져오기도 한다. 어윤대 총장은 기숙사 개조를 지시하였다. 기숙사를 새롭게 리모델링하였고, 로비에 레드 카펫을 깔고 피아노도 가져다 놓았다. 학생들의 태도가 달라지기 시작하였다. 신사적으로 행동하기 시작하였다.

한편 학장이나 대학원장 등 학내 기관장들이 처장회의나 교무회의에서 결정된 사항을 무시하고 이행하지 않아서 역대 총장들이 보직교수 회의에서 화를 내고 큰 소리를 지르는 것을 그동안 보직을 하면서 여러 번 보았다. 이 관행을 깨야 했다. 나는 총장에게 부총장실에 과장급 비서를 하나 배정해 달라고 부탁하였다. 그리고 그 비서를 처장회의나 교무회의에 참석시켜서 회의에서 결정된 사항이나 총장 지시사항 등을 메모했다가 각 행정부서에 전달하고 그 이행 상태를 점검하여 총장실과 나에게 보고토록 하였다. 일부 학장이나 대학원장의 반대가 있었으나 내가 주장한 대로 시행되었다. 그때부터 행정이 질서가 잡히고 보직교수들은 긴장하기 시작하였다.

100주년 기획위원장으로 고려대학교 개교 100주년 준비

2005년은 고려대학교 개교 100주년이 되는 해였다. 고려대학교에서는 그 행사를 계기로 도약을 준비하였다. 나는 행사 기획위원장으로 행사 기획과 집행을 책임졌다.

부족한 건물부터 지어야 했다. 이 부분은 총장과 재단 이사장이 책임을 지고 추진해 나갔다. 100주년 기념 삼성관, 우당교양관, 신법학관, 자연계 캠퍼스의 하나스퀘어가 새로 건설되었다. 공과대학과 이과대학 리모델링, 정경관 리모델링이 이루어졌다. 학생 기숙사도 현대식으로 리모델링하고 국제 기숙사도 준공하였다. 화정체육관도 지어졌다.

자연계 캠퍼스의 하나스퀘어 지하 시설은 어윤대 총장의 아이디어와 추진력이 없었으면 불가능했을 것이라고 생각한다. 장동식 관리처

장도 큰 역할을 했다. 자연계 육성에 큰 관심을 가졌던 어윤대 총장은 자연계도 인문사회 캠퍼스 지하공간 시설과 동일한 시설을 지어야 한다고 역설하였다. 그리고 하나금융그룹의 김승연 회장을 설득하여 기금을 마련하고 그 시설을 완공하였다. 자연계 캠퍼스가 오늘의 모습을 갖게 된 계기가 마련된 것이다. 놀랍게도 모든 건물이 최단 시일에, 최첨단기술로 완공되었다.

내가 할 일은 행정개혁, 즉 소프트웨어 개혁이었다.

4

교무행정의 선진화를 이끌다

교무행정 개혁의 대상으로 교양과정의 개혁을 선택하였다. 당시 교양과정은 대단히 형식적으로 운영되고 있어서 대개 갓 박사학위를 딴 졸업생이 교양과목을 맡고 있었다. 신입생 조사를 해보니 교양과정에 대한 불신이 컸다. '고대답지 않다', '실망이다'라는 답이 많이 나왔다.

여기에서도 어윤대 총장의 아이디어가 적중했다. 세계 1위 대학인 하버드대학교의 교양과정을 그대로 복제한다는 아이디어였다. TF를 구성하고 마스터 플랜이 만들어졌다. 하버드식의 교양과목을 채택하면서 여기에서 한 걸음 더 나아가 교양과정을 전임 교수, 그 가운데서 저서가 있는 유명한 교수에게 맡기도록 유도하였다. 신입생 입장에서 '저자 특강'이 갖는 매력이 클 것이기 때문이었다. 그 분야의 원로 교수에게 교양과정을 맡아달라고 부탁하는 것이 나와 교무처장의 일이었다.

이 정책은 상당한 성과를 냈다. 심지어 고학번 학생들이 교양과목을 다시 듣는 진풍경이 벌어지기도 하였다.

전공과목 강의도 힘든 시기에 교양과목까지 맡아서 열심히 가르친 교수들에게 지금도 감사하는 마음이다.

신임 교수의 영어 강의 의무화

주요 기업의 인사 담당자들을 초청해서 그들이 고려대학교 졸업생에게 바라는 요구사항을 들었다. 이틀에 걸친 회의가 있었다. 인사 담당자들은 고려대학교 졸업생이 갖는 신뢰성, 인간성, 충성심 등을 모두 인정하고 있었으나 놀랍게도 고려대학교 학생의 영어 실력이 약간 떨어진다는 점을 지적했다. 특단의 조치가 필요하였다.

그 당시 정부에서도 영어 강의 비율을 늘리도록 권장하고 있어서 고려대학교에서도 교수들에게 영어 강의를 부탁하고 영어 강의에 대하여 인센티브도 부여하고 있었다. 그러나 좀처럼 잘 시행되지는 않았다.

나는 특단의 조치를 총장에게 건의하였다. 신임 교수는 전원 영어 강의가 가능한 사람만 뽑고 이들은 정년퇴임까지 영어로만 강의한다는 서약서를 교수 임용 때 받도록 하자는 것이었다. 그리고 기존 교수는 원하는 사람만 영어 강의를 하도록 하였다. 이 정책으로 시간이 지나면서 고려대학교의 영어 강의 비율은 커졌고 나중에는 국내 제일의 규모로 커졌다. 재학생들의 영어 실력은 크게 향상되었다.

고려대학교에서 영어 강의가 증가하자 해외 유학생이 크게 증가하였다. 경쟁 학교들에 비하여 많이 뒤떨어졌던 해외 유학생 비율이 3차년, 4차년이 되면서 순위를 추월하였다. 지금도 그때 정책의 효과가 살아있어서 캠퍼스에서 많은 해외 유학생을 볼 수 있다.

복수학위 제도의 도입

그 당시는 법과대학, 경영대학 등 사회계열에 비하여 공과대학 등 자연계의 인기가 적었다. 조사를 해보니 자연계 신입생 가운데 상당수가 1학년 때 휴학이나 자진 퇴학을 하고 다시 시험을 보아서 사회계열 학과에 입학하고 있었다. 이것은 개인적으로 국가적으로 큰 손실이 아닐 수 없었기 때문에 혁신적인 대안을 마련하였다. 바로 복수학위 제도의 도입이었다. 이전에도 부전공 제도가 있어서 다른 학과의 과목을 공부할 수 있었으나 졸업 시 학위는 자신이 학교에 들어올 때의 학과와 관련된 학위만 쓸 수 있었다. 복수학위 제도는 졸업 시 동등한 학위를 2개까지 받을 수 있도록 하는 제도였다. 예를 들어서 화학공학과 학생이 경영대 복수전공을 신청하여 화공과와 경영학과의 학점을 다 따면 공학사와 경영학사 2개 학위를 주는 제도였다. 학생들은 대환영이었지만 일부 교수의 불만이 터져 나왔다. 복수전공이 가능하기 위해서는 전공과목 가운데서 필수과목의 수를 줄여야 했고 이것이 교수들의 이해관계와 충돌이 생긴 것이다. 나는 이 문제를 학부 강의를 두 트랙으로 하는 방안을 제시하여 해결하였다. 학부 과정을 일반학위 과정과 심화학위 과정으로 나누었다. 일반학위 과정은 졸업 후 취직을 하려는 학생을 위한 과정으로 학위 취득에 필요한 필수과목을 대폭 줄여주었다. 심화과정을 선택한 학생은 학부 심화과정에서 들은 과목의 일부를 대학원 과목으로 인정해 주었다. 복수학위에 관심이 없는 학생들을 대상으로 하였다. 이들 학생들의 전공필수 과목은 줄어들지 않았다.

나와 교무처장은 교수들을 만나서 취지를 이해시키고 설득을 하였다. 교무처장 전성기 교수가 큰 수고를 해주었다. 다행히 설득이 되었고, 당시 고려대학교만의 독특한 제도로 정착되었다.

한국예술종합학교와의 협업

고려대학교는 야성적이고 투박한 것이 특징이었다. 그래서 농과대학은 있었으나 예술계통의 학과가 사범대학의 미술교육과 이외에는 없었다. 김병관 이사장도 음악대학 설립에 대하여 여러 번 이야기했던 것을 들은 적 있었지만 막대한 예산 때문에 엄두를 내지 못하고 있었다. 여기에서 어윤대 총장의 아이디어가 나왔다.

고려대학교에서 거리상으로 가까운 이문동 소재의 한국예술종합학교를 고려대학교의 사실상(virtual) 예술대학으로 생각하자는 것이었다. 필요한 조치로 양 학교는 학점 교환을 허용했다. 고려대학교 학생이 한국종합예술대학에 가서 음악 강의를 들을 수 있게 된 것이다. 한국종합예술대학 학생들은 고려대학교에 와서 교양과목을 이수할 수 있었다. 양 학교 모두 상생이었다. 한국종합예술대학 교무담당 교수가 한 달에 한 번씩 고려대학교 처장회의에 참석하였다. 또 고려대학교 직원의 해외 시찰 때, 한국종합예술대학 직원도 같이 가도록 했다.

학생들의 자발적 교류도 활발했다. 점심 시간에 한국종합예술대학 학생들이 광장에서 음악 연주를 하기도 했다. 인촌기념관 등에서 연주회를 갖기도 하였다. 이렇게 해서 고려대학교에 사실상의 음악대학이 생겼다.

학과별 교수 T/O 배정 제도 폐지

학기 초가 되면 각 학과는 대학본부에 신임 교원 충원 요구를 한다. 그러면 대학본부에서는 학과별로 충원 가능한 신임 교원 수를 배정한다. 학과별로 교수 T/O를 배정하는 것이다.

이 제도는 대학본부가 학과를 통제하는 주요한 수단이 되어있었다. 학과는 적임자가 없어도 배정된 인원을 채워야 했다. 안 그러면 T/O가 사라지기 때문이었다. 나는 총장과 상의하여 학과별 T/O 배정 제도를 없애기로 하였다.

이 새 제도에 대하여 많은 사람들이 회의적이었다. 학과가 너무 많은 교수를 뽑으면 인건비 부담 때문에 학교 재정에 문제가 될 것이라는 것이었다. 나는 다른 이론을 폈다. 교수는 지출 포인트가 아니고 수

익 포인트라고 주장하였다.

능력 있는 교수를 뽑으면 많은 연구비 등을 가져올 수 있기 때문에 걱정할 필요가 없다는 논리였다.

다만 학과 자유재량에 맡기되 본부에서 몇 가지 조건을 붙였다. 첫째, 연구 실적이 뛰어나야 한다. 이것은 SCI(Science Citation Index) 논문이나 SSCI(Social Science Citation Index) 논문 편수로 평가할 수 있다. 즉 신임 교원은 SCI 논문 몇 편 이상의 연구 실적이 있어야 한다. 둘째, 영어 강의가 가능해야 한다. 셋째, 학과당 고려대학교 출신의 비율이 50퍼센트를 넘지 않아야 한다. 학문의 순혈주의가 학문 발달에 가장 큰 저해 요인이라는 것을 나는 알고 있었다.

이상의 조건만 맞으면 학과에서 몇 명을 뽑든지 본부에서는 간여하지 않겠다고 선언하였다.

모든 학과가 유능한 교수를 뽑기 위하여 노력을 하였다. 그러나 이상의 조건을 충족시키기가 만만치 않았다. 그래서 신임 교원 충원 요청이 봇물처럼 쏟아져 올 것이라는 것은 기우에 지나지 않았다. 어윤대 총장 임기 중 대단히 유능한 교수들이 집중적으로 신임 교수로 채용되었다. 한 가지 예로, 공과대학의 교수 수가 임기 초에 비하여 두 배 정도로 늘었다. 그리고 새로 들어온 교수들이 모두 정부의 혁신인재 양성사업(BK21)사업에 선정되었다.

교수 수가 늘어나면 인건비 부담이 크게 증가할 것이라는 것도, 정년퇴임 교수와 신임 교수 사이의 연봉에 큰 차이가 있어서 감내할 수 있었다. 정년퇴임 교수 한 명의 연봉으로 신임 교수 두 명을 채용할 수 있었기 때문이다.

교수 논문 수를 늘리는 것은 대학평가에서 중요한 일이었다. 신임 교수를 선발할 때, SCI 논문 편수를 중요한 기준으로 했기 때문에 논문 선수들이 많이 선발되었다. 신임 교수가 논문 선수로 들어오면서 기존 교수들에게도 자극을 주어서 전반적으로 고려대학교 교수의 전체 논문 수가 크게 증가하였다. 가장 눈에 띄게 변한 대학이 공과대학, 의과대학 등이었다. 이 조치로 고려대학교는 논문 수에서 경쟁 대학들을 이길 수 있었다.

또한 컴퓨터 언어와 한자 교육을 의무화하였다. 정보화 시대에서 가장 중요한 것은 컴퓨터의 활용 능력이었다. 컴퓨터 언어는 대학 졸업생의 필수적 요건이 되었으므로 컴퓨터 언어 교육을 강화하는 조치를 취했다.

다음으로 한국 대학생들의 한자 해독 능력이 너무도 낮았다. 고려대학교에서는 한자자격시험 제도를 도입하여, 졸업 때까지 일정한 수준의 한자를 습득하도록 조치하였다. 이를 위하여 한자강의 교재도 만들도록 하였다. 이 조치도 좋은 성과를 거두었다.

이런 일련의 개혁 조치로 고려대학교는 단시일에 국내에서뿐만 아니라 세계대학평가에서 좋은 성과를 냈다.

5

개교 100주년 행사를 멋지고 화려하게 거행하다

2005년 개교 100주년 행사가 다가오고 있었다. 학교는 바빠졌다. 분위기를 고취하기 위하여 노벨상 수상자를 초빙하여 특강을 했다. 이것은 일반대학원장이 주관하였다. 2005년 행사를 위하여 어윤대 총장의 의견에 따라 교문 앞에 소나무를 심었다. 소나무는 강원도에서 학교로 이송하였다. 대규모 수송작전이었다.

본관 앞 잔디도 푸른 잔디로 바꾸었다. 이 또한 어윤대 총장의 아이디어였다. 이전의 잔디는 5월에 노란색을 띠고 있어서 분위기에 맞지 않았다. 5월은 개나리, 진달래가 질 무렵이었다. 그래서 학교에 5월의 꽃인 철쭉꽃을 심기로 하였다. 어윤대 총장은 서울 인근에 있는 철쭉꽃을 모두 사서 학교 교정에 심도록 했다.

세계 유수 대학의 총장을 개교기념일에 초청하는 작업도 했다. 그들이 인천공항에 도착할 때부터 숙소에 들어갈 때까지 학교 직원이 에스코트를 했다. 차량에는 그들 대학의 깃발을 달도록 했다. 교정에는 대학 총장들의 기념식수 장소를 마련했는데 그 나무들은 지금도 남아서 잘 자라고 있다. 학교에 초청한 총장들은 총장, 부총장, 처장들이 분담하여 대화를 했고 MOU를 맺었다.

나는 민족고대 100주년 행사이자 고려대학교가 국가를 위하여 헌신한 점을 고려하여 노무현 대통령의 행사 참석과 축사를 정부에 부탁하여 성사시켰다. 정보통신부에서는 기념우표도 발행해 주었다.

본관 앞에서 거행된 100주년 행사는 대성공이었다. 나는 그 행사에서 고려대학교 연혁을 낭독했다. 지금도 앞부분이 기억난다. "1905년, 서양에서는 아인슈타인의 상대성이론이 태어났고, 동양에서는 보성전문학교가 태어났습니다. 아인슈타인의 상대성이론이 인류 역사를 바꾸었고 보성전문학교 고려대학교 탄생은 한국과 아시아 그리고 세계의 지성사를 바꾸었습니다."

화려하나 진중하고, 멋지면서도 전통이 깃든 행사였다. 나는 기획위원장으로, 부총장으로 그 행사를 성공적으로 주관했다는 것을 자랑스럽게 생각한다. 개교 100주년 행사를 계기로 고려대학교는 크게 도약했다.

김병관 이사장의 리더십

김병관 이사장은 성격이 화통했다. 그와의 만남은 김준엽 총장 시절까지 올라간다. 나는 그때 학교와 재단이 공동으로 만든 고려대학교 발전위원회 위원이었다. 발전위원회는 대단히 미래지향적으로 꿈을 그리는 위원회였다. 그 위원회에서 지하광장 아이디어가 나왔다고 김병관 이사장이 내게 말해주었다. 아마 그때부터 나에 대하여 호감을 가진 것 같았다. 두 번째 만남은 총장 선출을 둘러싸고 학교가 내분에 빠져있을 때였다. 수습을 위하여 총장선출제도개선위원회가 만들어졌다. 위원회는 각각 재단 대표, 학교 대표, 교수 대표, 교우회 대표로 구성되었다. 총장서리인 한승주 교수가 학교 대표로 나를 지명하여 위원회에 참석하도록 하였다. 재단 대표와 교수 대표 사이에 많은 의견 대립이 있었다. 나는 학교 대표로 중립적 입장에서 의견을 조정하는 데 힘쓰면서 조정안을 만들었다. 교수들을 포함하여 학내 구성원이 1차 확인을 하여 후보를 추리고 총장추천위원회에서 3인을 이사회에 추천하면 이사회가 최종적으로 선정하는 아이디어였다. 마지막에 이사장의 결심이 마지막에 남았다.

나는 김병관 이사장을 만났다. 그는 약간 망설이는 듯 했다. 나는 이 조정안이 최선의 안이고 이것이 받아들여지지 않으면 총장이 두 명 나올 것이며 학교는 대혼란에 빠질 것이라고 말했다. 김병관 이사장은 위원회가 만든 총장선출안을 받았다. 그 대신 그는 총장 자격으로 '자유민주주의를 신봉하는 자'라는 문구를 넣어달라고 했다. 우리는 동의했고 그렇게 해서 새로운 총장선출제도가 탄생하였다. 그 제도에 따라 어윤대 총장이 선출되었다.

김병관 이사장은 선친인 김상만 전 이사장의 학교운영 철학을 잘 지키면서도 새로운 시대에 맞는 개혁비전을 발전시켰다. 그는 또한 처장 등과 잘 어울렸다. 소통을 중시했던 것이다. 그리고 자신이 설립한 고려사이버대학을 자랑스러워하며 시간이 지나면 고려사이버대학이 고려대학교보다 더 커질 것이라고 말하곤 했다. 개혁에 대하여 두려움이 없는 사람이었다. 어윤대 총장 주도로 삼성을 재단에 영입하는 새로운 거버넌스 도입이 추진되었을 때도 그는 의연했다. 다른 사람 같으면 기득권 보호를 위하여 아마 크게 반대했을 테지만 그는 어윤대 총장 의견에 따랐다.

임기를 마치고 재단 이사장이 주최하는 파티가 있었다. 그 자리에서 나는 김병관 이사장에게 한마디 했다. "이사장님, 감사합니다. 제가 교무부총장 재직 시 재단에서 학교행정과 관련하여 한 번도 개입하거나 지시를 하지 않았습니다. 나는 고려대학교의 발전의 원동력은 재단의 그런 자세에 있다고 생각합니다. 감사합니다. 앞으로도 그런 입장을 견지하시길 부탁드립니다." 듣기에 따라서는 오해를 일으킬 내 발언에 대하여 김병관 이사장은 "내가 들은 말 가운데서 가장 좋은 말"이라고 기뻐하였다. 역시 통이 큰 인물이라고 생각했다.

이런 이사장이 있어 100주년 행사를 무사히 치를 수 있었다고 생각한다. 고려대학교 교무부총장으로 나는 의욕적으로 일하였다. 이 모든 것은 준비된 총장인 어윤대 총장과 대범한 이사장인 김병관 이사장이 있어서 가능했다고 본다. 지금도 두 사람 모두에게 감사한다.

2002년 대한민국 전자정부 11대 사업의 성공적 준공에 뒤이어 2003년부터 시작한 고려대학교 개혁은 내게 큰 의미가 있다.

전자정부 11대 사업이 당시 대통령의 전자정부특별위원장인 나에 대한 신뢰가 바탕이었던 것처럼 고려대학교 개혁도 당시 총장이었던 어윤대 총장과 김병관 당시 이사장의, 교무부총장인 나에 대한 신뢰가 있어서 가능했다.

물론 개혁에 동참해 준 교수들의 기여 덕분에 해낼 수 있었던 개혁이기도 했다. 특히 힘든 일을 함께해 준 염재호, 김진성, 이두희, 김건, 김균, 장동식, 전성기, 성영신, 고한석 처장에게 이 자리를 빌려서 감사를 전한다.

교무부총장 4년 재임 기간 어려운 행정 일을 헌신적으로 묵묵히 잘 수행했던 교직원 여러분, 특히 특히 비서실의 고 장백순 실장, 현계환 부장과 김은경, 강정민, 위명자 선생에게도 감사의 말을 남긴다.

대한민국 전자정부 연표

제4공화국

1967	경제기획원 통계국에 IBM1401 설치
1970	중앙전자계산소(NCC) 출범 EPB 예산 업무 전산화
1978	충청북도 행정 전산화 시범사업
1979	행정 업무 전산화 추진규정 제정

제5공화국

1984	국산전자교환기(TDX-1) 개발 국가기간전산망 기본계획 확정 국가기간전산망조정위원회 발족
1987	한국전산원(NIA) 설립

문민정부

1993	행정쇄신위원회 출범
1994	정보통신부 출범
1995	정보화촉진기본법 제정 초고속정보통신 기반 구축 종합계획

1996	정보화촉진 기본계획 수립

국민의 정부

1998	공공기관의 정보공개에 관한 법 행정자치부 출범 전자정부 구현방안 대통령 보고 전자서명법 제정 전자거래기본법 제정 규제개혁위원회 설치 운영
2001	전자정부특별위원회 출범 전자정부법 제정 전자정부 11대 중점사업 선정 정보화마을 시범사업
2002	11대 사업 진수 대통령 보고

참여정부

2003	참여정부 31대 과제 로드맵 발표 청와대 업무관리시스템(이지원) 구축
2005	정부업무관리시스템(온니라) 개통 행정정보공유추진위원회 설치 정부통합전산센터(대전) 구축 초고속국가정보통신망 구축 완료
2006	방송통신융합추진위원회 설치

▨ 이명박 정부

2008	정보통신부 해체 방송통신위원회 신설
2009	국가정보화전략위원회 출범
2010	UN 전자정부평가 1위(최초) 국가DB포럼 발족 모바일 전자정부 기본계획 수립
2011	국가초고성능컴퓨터 활용 및 육성에 관한 법률 제정 스마트 전자정부 추진계획 수립 개인정보보호법 제정 모바일 전자정부서비스 중장기 추진계획 문화체육관광부 미래전략포럼 발족 저작권위원회 공유저작물창조자원화포럼 발족
2012	UN 전자정부평가 1위 2회 연속 수상

▨ 박근혜 정부

2013	정부3.0 발족 공공데이터의 제공 및 이용활성화 법률 제정 미래창조과학부 정책고객대표자회의 지식DB포럼 발족
2014	정부3.0 추진위원회 출범 전자정부민간협력포럼 발족 UN 전자정부평가 1위 3회 연속 수상 국가정보화 명예의 전당

2015	모바일 기반 행정업무 서비스 구축 클라우드컴퓨팅법 제정
2016	전자정부추진위원회 발족 전자정부민관협력포럼 발족 전자정부 2000 실행계획 수립 전자정부 협력MOU 체결(4대 국제기구 및 42개국)

문재인 정부

2017	국가정보화 기본법 제정 대한민국 전자정부 50년사 《전자정부 50년》 편찬 전자정부추진위원회 대한민국 전자정부 명예의 전당

윤석열 정부

2022	디지털플랫폼정부위원회 발족

저자 이력 및 논저

1. 주요 이력

1965	서울대학교 경제학 학사
1967	서울대학교 행정대학원 행정학 석사(우수 졸업논문상 수상)
1968	한국과학기술원(KIST) 전산시스템개발실장
1974	하와이 주립대학교(University of Hawaii) 컴퓨터학 석사
1977	하와이 주립대학교(University of Hawaii) 자원경제학 박사
1981-2010	고려대학교 행정학과 교수
1993-1995	고려대학교 행정문제연구소 소장
1996-1998	고려대학교 정책대학원 원장
1997	한국정책학회 회장
	행정쇄신위원회 위원
	국민훈장 동백장(정보문화의 날, 국가정보화 기여)
1998	한국정보문화센터 이사장
1998-2010	서울시정개발연구원(현 서울연구원) 이사장
1998-2016	한국전산원(현 한국지능정보사회진흥원) 선임 비상근이사
1999	시러큐스대학교 맥스웰 행정대학원 객원교수
2000	정부혁신추진위원회 위원
2001	전자정부특별위원회 위원장
2002	규제개혁위원회 위원장
	청조근정훈장(전자정부구축 공로)
2003-2007	고려대학교 교무부총장

2004	한국교육학술정보원 이사장
2006	방송통신융합추진위원회 위원장
2007-2016	한국기술벤처재단 이사장
2008	프랑스 문화예술공로훈장(Legion d'honneur-Officeir)
2008-2016	한국지역정보개발원 이사장
2009	한국정보처리학회 편집위원회 위원장
2010-2012	고려대학교 정보보호대학원 석좌교수
2010	고려대학교 행정학과 명예교수
	국가DB포럼 의장
2011	공유저작물창조자원화포럼 의장
	콘텐츠미래전략포럼 위원장
2012	방송통신위원회 방송통신정책고객대표자회의 의장
2013	ICT 정책고객대표자회의 의장
	정부3.0 민간자문단 단장
2013	카자흐스탄 국제 IT대학교(International IT University) 명예교수
2014	저작권상생협의체상생포럼 의장
	첨단교통인프라포럼 회장
	국가정보화 명예의 전당 헌정
2016	전자정부추진위원회 위원장
2017	대한민국 전자정부 50년사 《전자정부 50년》 편찬위원장
	대한민국 전자정부 명예의 전당
2022	디지털플랫폼정부위원회 자문위원장

2. 주요 논저

저서

2009. 《무용(無用)의 유용성(有用性)》. 박영사.

2009. 안문석 외. 《딜레마와 제도의 설계》. 나남출판.

2008. 《한국전자정부론》. 박영사.

2004. 《정보체계론》. 제5판. 학현사.

2002. 《계량행정론》. 제3판. 박영사.

2001. 《정부와 기업, 그리고 시민사회》. 박영사.

2000. 안문석 외. 《딜레마와 행정》. 나남출판.

1997. 《환경행정론》. 법문사.

1997. 안문석 외. 《The White House and the Blue House》. University Press of America.

1996. 안문석 외. 《환경자원정책론》. 박영사.

1995. 《주관식 정보체계론》. 학현사.

1994. 안문석 외. 《딜레마 이론》. 나남출판.

1993. 《정보체계론》. 초판. 법문사.

1990. 《객관식 정보체계론》. 학현사.

1989. 《계량행정론》. 초판. 박영사

1982. 안문석 옮김. 《컴퓨터 관리론(管理論)—컴퓨터 선정이론(選定理論) 및 가격정책론(價格政策論)(The economics of computers)》. William F. Sharpe 지음. 삼영사

1973. 안문석 외. 《모범 전자계산실무》. 문리사.

1971. 안문석 외. 《컴퓨토피아'71》. 한국과학기술후원회.

수필집

2014. 《해바라기의 노래》. 지성의 샘.

2009. 《왜 여기사냐고 물으시면》. 띠앗.

2004. 《바다가 바로 저긴데》. 띠앗.

주요 논문

1967. 〈한국정치체계의 연구방법론—도식적 유형화의 한 시도〉. 《행정논총》, vol. 5, no. 1, pp. 1215-1227.

1980. 안문석·김의홍. 〈도시와 통계—NASA 자원위성 Landsat 를 이용한 도시자료 수집 및 도시계획의 신기법〉. 《도시문제》, vol. 15, no. 4, pp. 8-15.

1983. 〈수도권 토지이용 변화 분석 연구—LANDSAT 위성자료를 중심으로〉. 《사회과학논집》(고려대학교 정경대학), vol. 11, pp. 47-64.

1982. 〈정보산업의 본질과 정보산업정책〉. 《사회과학논집》(고려대학교 정경대학), vol. 10, pp. 155-173.

1984. 〈북한의 경제체제 변화과정 분석—시장의 생성을 중심으로〉. 《고려대학교 법학연구원 북한법률행정논집》, vol. 6, pp. 23-54.

1987. 안문석·양영규. 〈슈퍼컴퓨터 도입 및 활용 방안〉. 《전자공학회지》, vol. 14, no. 3, pp. 159-163.

1988. 〈행정정보시스템의 특징과 개발전략〉. 《사회과학논집》(고려대학교 정경대학), vol. 14, pp. 119-138.

1990. 〈협동생성(Evolution of Cooperation)의 조건과 행정의 역할〉. 《사회과학논집》(고려대학교 정경대학), vol. 16, pp. 25-41.

1991. 안문석·이종범·이정준·윤견수. 〈정책분석에 있어서 딜레마 개념의 유용성〉. 《한국행정학보》, vol. 25, no. 4, pp. 3-22.

1992. 〈과학기술의 딜레마〉. 《과학사상》, pp. 111-129.

1992. 〈정부실패와 '그림자 행정'〉. 《규제완화》(행정규제민간연구센터), vol. 1, pp. 39-56.

1992. 〈정부규모가 경제성장에 미치는 영향—Globus모형(정치경제의 세계 시뮬레이션 모형)을 통한 분석〉. 《사회과학논집》(고려대학교 정경대학), vol. 17, pp. 73-102.

1993. 〈문민정부의 정책혁신과 제도개혁—새 정부의 행정쇄신과 정부정보 활성화 방안〉. 《한국정책학회보》, vol. 2, no. 1, pp. 87-112.

1994. 〈식량위기관리와 국가안보—UR타결 및 WTO 출범을 중심으로〉. 《한국안전보장논총》, 제21집, pp. 199-268.

1995. 〈문민정부의 행정개혁〉. 《한국정책학회보》, vol. 4, no. 1, pp. 30-57.

1995. 〈한국 정보통신정책의 전환과 과제—초고속 정보통신망 정책의 의미와 과제〉. 《계간사상》, vol. 26, no. 1, pp. 325-355.

1995. 안문석·안광일·유재원. 〈환경규제권의 분권화 효과〉. 《한국행정학보》, vol. 29, no. 1, pp. 3-21.

1995. 〈21세기 한국 환경정책의 방향〉. 《한국행정연구》, vol. 4, no. 3, pp. 5-22.

1996. 안문석·맹일영·장수영. 〈한국과학기술 30년 문제있다〉. 《과학과기술》(한국과학기술단체총연합회), vol. 323, pp. 45-67.

1996. 〈한국정부의 정보화 현황 및 과제〉. 《한국행정연구》(한국행정연구원), vol. 5, no. 3, pp. 5-25.

1996. 〈감사부작용 발생원인 및 유형과 그 영향〉. 《감사》(감사원), vol. 49, pp. 16-21.

1998. 〈복잡성 이론의 관점에서 본 한국의 외환외기—시장연계실패와 조기경보체제실패를 중심으로〉. 《사회과학논집》(고려대학교 정경대학), vol. 23, pp. 65-82.

1998. 〈기업식 정부—기대와 전망; 정부개혁의 이슈〉. 《한국행정연구》, vol. 7, no. 2, pp. 5-19.

1999. 〈공공성의 상실—정보지식기반 사회에서 과학기술기반의 붕괴를 우려한다〉. 《사회비평》, vol. 21, pp. 151-164.

1999. 〈정보화사회와 그 통제체제〉. 《감사》(감사원), vol. 61, pp. 58-63.

1999. 〈정보화 사회와 규제개혁 입법의 방향과 과제—규제개혁 입법의 방향과 과제〉. 《국회보》(국회사무처), vol. 388, pp. 40-45.

1999. 안문석·문태훈·홍성걸. 〈도시별 지속가능성의 측정과 도시간 지속가능성 비교연구〉. 《한국행정학보》, vol. 33, no. 1, pp. 151-168.

2000. 〈지식정보화 사회와 관료제에 대한 새로운 해석〉. 《인사행정》(중앙인사위원회), vol. 3, pp. 74-79.

2001. 〈공공부문개혁의 향후 전개방향〉. 《행정논총》, vol. 39, no. 2, pp. 1-18.

2002. 안문석·황민섭. 〈시민단체의 공직후보 낙선운동의 영향력 평가—16대 총선에서의 "총선시민연대"의 낙선운동을 중심으로〉. 《한국정책학회보》, vol. 11, no. 2, pp.

227-253.

2003. 안문석·김지희. 〈초고속정보통신망 정책의 성공요인에 관한 연구—인과지도 및 정책 네트워크 분석을 중심으로〉. 《한국정책학회보》, vol. 12, no. 4, pp. 101-124.

2004. 안문석·노유진 〈한국정부에 있어서 정책평가결과 활용의 영향요인과 활용유형의 특성〉. 《정책분석평가학회보》, vol. 14, no. 3, pp. 227-268.

2004. 안문석·김흥로. 〈고위직 공무원의 승진요인에 관한 연구〉. 《한국행정학보》, vol. 38, no. 6, pp. 305-326.

2003. 안문석·박성진·맹보학. 〈전자정부 정보보호 대응체계 구축 방향에 관한 연구〉. 《정보보호학회지》, pp. 1-14.

2006. 안문석·김태은. 〈정책에 미치는 영향요인에 관한 실증 연구—정부규제의 영향요인에 관한 사례분석 및 다국가 실증분석을 중심으로〉. 《한국정책학회보》, vol. 15, no. 3, pp. 159-202.

2008. 안문석·김태은·최용환. 〈전자정부가 부패에 미치는 영향에 관한 연구— 횡단 및 패널 자료를 통한 증거〉. 《한국행정학보》, vol. 42, no. 1, pp. 293-321.

2009. 〈특별기고—행정은 '무용'한 것인가?〉. 《The KAPS》(한국정책학회), vol. 16 pp. 6-7.

2011. 〈한국정책학회 역사와 흐름—지식정보화 시대, 정책학이 풀어야 할 정책과제와 해결 방법〉. 《The KAPS》, vol. 26, pp. 4-7.

2016. 〈모바일 인터넷의 뿌리, "알로하넷" 한국 상륙기—인터넷 강국과 정보화 최강국을 만들다〉. 《지역정보화》, vol. 99, pp. 70-73.

2020. 〈GPT-3 등장의 의미와 과제—GPT 시리즈의 다양성을 통해 SW의 자동화 실현 기대〉. 《지역정보화》, vol. 125, pp. 56-59.

대통령의 눈물

대한민국 전자정부 반세기 비망록

초판 발행 1쇄 2024년 10월 23일

지은이 안문석

펴낸곳 고려대학교출판문화원
www.kupress.com
kupress@korea.ac.kr
(02841) 서울특별시 성북구 안암로 145
Tel 02-3290-4230, 4232
Fax 02-923-6311

찍은곳 네오프린텍(주)

ISBN 979-11-6956-087-0 03300

값 23,000원